国家の危機管理

実例から学ぶ理念と実践

東京大学客員教授
元 内閣危機管理監、元 警視総監
著 伊藤哲朗

ぎょうせい

はじめに
～危機管理の理念と実践を学ぶことの必要性と意義～

　平成23年3月11日、我が国を襲った東北地方太平洋沖地震は、引き続いて発生した東京電力福島第一原子力発電所の事故とともに我が国に戦後未曾有の大災害を引き起こした。

　当時、政府内において内閣危機管理監として、この同時に発生した二つの災害の緊急対処に当たった筆者にとって、これまで数多くのクライシスマネジメントに当たってきた経験の中でも最大の危機への対処であった。

　我が国政府においては、地震に対しては緊急災害対策本部、原子力事故に対しては原子力災害対策本部をいずれも戦後初めて設置して、被害者の救済、被害の拡大防止、更にはこれに伴って生じた様々な危機対応に当たったが、当然ながらその対応のあり方については、事態進行当初から、また、事態がある程度落ち着いてきた段階から、各方面の批判と検証を受けることとなった。

　戦後、伊勢湾台風や阪神・淡路大震災をはじめ、数多くの地震や災害あるいは事件、事故を経験してきていた我が国であったが、今回の大災害、とりわけ原子力発電所の事故においては、これまで我が国が経験してきたはずのクライシスマネジメントの経験や教訓はどの様に蓄積され、かつ、どの程度生かされてきたのかを検証することは、今後の災害への対処の観点からも極めて重要な事と言えよう。

　加えて、今回、多くの人々が現場や中央において危機対応に当たったが、その対応は、こうした経験や教訓を踏まえた的確なものであったのか、もし、それがそうでなかったとしたらそれは何故なのかを考えてみることも考察に値する事柄であると言えよう。

　しかし結論的に言えば、今回の対応に当たっては、これまでの経験

や教訓が必ずしも十分生かされたとは言い難い面やクライシスマネジメントに当たった人々の対応も決して十分と言えない場面も数多くあった。

　そうした経験が必ずしも十分生かされていないとすれば、それはどのような場面であり、また、それは何故なのか、的確な危機対応ができなかったとすれば、それは何故なのか、また、こうした過去の経験や教訓を将来に生かしていく方法は無いのかを考えることも重要であると言えよう。

　本書では、筆者がこれまで数多く経験した、実際の現場での経験を踏まえて、クライシスマネジメントにおいて根底となる重要な要素や考え方について、近年、現代社会が経験した事例とともに考えてみることとしたい。それはまた、今回の二つの大災害への対応を通じてはっきり見えてきた事柄でもある。

　クライシスマネジメントにおいては、自然災害をはじめ、重大事件、事故やパンデミック、戦争など様々な態様の危機に対処して行くことが必要であるが、危機の態様こそ異なるものの、危機管理に当たっての基本的考え方や危機に対処して行く上での必要な要素には、危機の態様ごとに言い換えれば危機の原因ごとには大きな違いはない。危機の原因と態様は異なる場合であってもこれに対処して行く上での基本や考え方には大きな違いはないというのが筆者の実感である。

　こうした観点から、危機とりわけ国家の危機に際してのクライシスマネジメントの基本及び根底となる考え方について考察してみるとともに、我が国の危機管理において足りないものは何かを考え、今後、これに対してどう対処して行くべきかを考えてみることも重要である。

　過去、我が国では数多くの危機が発生し多くの人命や財産が失われてきた。危機発生の都度、不十分な危機への対処についての反省や危機管理のあり方についての議論がなされてきたが、同じような危機が

再び発生した場合において繰り返し同じような失敗と反省がなされてきた。我が国で、こうした経験と反省や教訓が生かされない原因と理由を考え見るとともに、こうした教訓や反省を生かして行く仕組みを考えてみることも重要である。

加えて、我が国の危機管理体制の現状について、政府、地方自治体をはじめ各組織の現状を法制と併せて見てみるとともに、今後のあるべき姿についても論述した。

これらを知ることにより、我々が危機に直面したとき、やるべきことが無数にある中、何が大事な要素で、どういう考えで危機に対処していけば良いのか、そして、まず最初に行うべきことは何か、また、危機対処の最中に留意すべきことは何か、さらには、危機が終息した後においてやるべきことは何かを理解していただけるに違いない。

本書では、失敗事例も含め筆者が経験し、目撃した数多くの事案の一端を事例として紹介するとともに、危機管理において陥りがちな陥穽の数々とこれを避けるために行うべき事柄を項目ごとに説明を試みた。

第1章では、危機管理と言われる言葉の意味するものが、実際には、リスクマネジメントとクライシスマネジメントとの二種類があり、同じ危機管理という言葉であっても、意味するところが異なるものであること。また、国家の危機にはどのようなものがあるかを略述した。

第2章では、危機管理の中でもクライシスマネジメントの場面においては、危機に対しその克服を第一に直線的思考で対応する必要があり、平時とは異なる価値基準で危機対処を行う必要があることとその価値基準を決定していくのは、国の政策決定者あるいは危機管理担当者の国家観であり歴史観であることを示した。

第3章では、危機発生に際してのクライシスマネジメントの場面において基本となる事柄と心構えについて述べた。

第4章では、クライシスマネジメントの実際の場面において、行う

べき必要な事柄について、危機発生の段階から、危機対応のための体制作りや意思決定のあり方、事態対処のためのオペレーションやクライシスコミュニケーションのあり方について具体的に述べた。

　第5章では、我が国の危機管理体制について、危機の態様ごとの内閣以下の各行政機関の役割をはじめ、その連携の実際と地方自治体との関係について概観した。

　第6章では、危機に備えて平時に行うべき事柄と危機発生後の事態が収拾した後に行うべきこと及び今後の検討課題を併せて記述した。

　今後、我が国においては様々な危機が発生することが懸念される中、本書が、実際に危機に対処しなければならない立場にある人々や、危機を防止するためあるいは危機の被害を軽減するために努力している人々、更には危機により被害を受けるかもしれないすべての人々の危機への対処の一助になれば幸甚である。

平成26年3月

目　　次

はじめに

1　危機管理とは

(1) 危機管理とは何か ･････････････････････････････････････ 2
　① 危機管理の定義　2
　② 「危機の事前対策」～リスクマネジメント　3
　③ 「緊急事態対処」～クライシスマネジメント　4
(2) 国家、企業及び個人の危機管理 ････････････････････････ 5
(3) 国家のクライシスマネジメントとは何か ･･････････････ 7
(4) 国家を取り巻く様々な危機 ････････････････････････････ 8
(5) 緊急事態発生の蓋然性と被害の重大性及び対策の多様性 ･･･ 10

2　クライシスマネジメントの根底となる考え方

(1) 目的の統一 ･･･ 18
　① 危機の性質の判断　18
　② 危機対処方針における明確な目標設定　18
(2) 緊急時における価値観の変化 ･････････････････････････ 21
　① 私権の制限　21
　② 弱者の位置付けの変化　22
　③ 法手続の省略　26
　④ 徴税、動員　28
(3) 優先順位の決定 ･･･････････････････････････････････････ 28
　① 価値基準の決定　29
　② 有限な資源の活用　31
　③ 国民の理解　34

④　政府としての明確な意思表示　36
(4) 判断の裏付けとなる国家観、歴史観・・・・・・・・・・・・・・・・・・・・・・37
　　①　国家観や歴史観はなぜ必要か　37
　　②　国家と国民のあり方　41
　　③　我が国はどういう国か　45
　　④　公と私のあり方　48
　　⑤　自助、共助、公助　50
　　⑥　国と地方自治体のあり方　56
(5) クライシスマネジメントに当たっての価値観の共有・・・・・・・・60
　　①　価値観共有のための努力　60
　　②　強いリーダーシップ　62
　　③　マスコミの役割　62
　　④　国民としての共通価値　63

3　クライシスマネジメントの基本

(1) クライシスマネジメントで行うべきこと・・・・・・・・・・・・・・・・・・・68
　　①　情報の収集による状況の把握　68
　　②　限られた情報下での事態進展の予測　69
　　③　迅速な初動対応　69
　　④　政府としての意思決定　70
　　⑤　事態対処活動（オペレーション）　71
　　⑥　的確な広報（クライシスコミュニケーション）　72
(2) クライシスマネジメントの心構え・・・・・・・・・・・・・・・・・・・・・・・・76
　　①　クライシスマネジメントの目的を見失わない　76
　　②　直線的思考による判断　77
　　③　最大限の構え　79
　　④　有限資源の優先活用　82
　　⑤　冗長性の活用　83

4　クライシスマネジメントの実際

- (1) 情報の収集による状況の把握 ……………………………… 85
  - ① 情報の速やかな収集　85
  - ② 必要な情報の選択　104
  - ③ 迅速な事態把握と判断　113
- (2) 事態進展の予測 ……………………………………………… 117
  - ① 事態の性格の把握　117
  - ② 最悪の事態の想定　121
  - ③ 事態進展を見通した対応策の想定　124
- (3) 迅速な初動対応 ……………………………………………… 129
  - ① 要員の緊急参集　129
  - ② 事態対処体制の構築（対策本部等）　134
- (4) 政府（組織）としての意思決定 …………………………… 139
  - ① 対処方針の決定と決定主体　139
  - ② 対処方針の内容　139
  - ③ 目的達成のための優先順位決定の重要性　141
- (5) 事態対処活動（オペレーション）………………………… 143
  - ① 具体的活動体制の確立　143
  - ② 各組織の事態対処活動　144
- (6) 的確な広報（クライシスコミュニケーション）………… 147
  - ① 事実の公表　147
  - ② 事態進展の公表　150
  - ③ 期待される行動の呼びかけ　152
  - ④ 不必要な不安の解消　154

5　緊急事態における我が国の危機管理体制

(1) 我が国の各行政機関の役割·································· 157
　① 各行政機関の権限と責任　157
　② 政府としての統一と調整　160
　③ 内閣官房の役割　162
　④ 国と地方の役割　169
　⑤ 国民の役割　173
(2) 我が国における危機の態様に応じた危機管理の姿········ 175
　① 事態ごとに対応組織は変化　175
　② 各種緊急事態における対応すべき主な官庁　180
　③ 組織間の連携のあり方の変化　182
　④ 危機の態様は変化しても危機管理のパターンは類似　183
　⑤ 緊急事態対処体制の構築～どのような体制か、何をするのか～‥183

6　平時と危機発生後に行うべきこと

(1) 平　時·· 187
　① 危機の想定～イマジネーションの力～　187
　② 様々な種類の想定～態様、烈度、範囲　189
　③ 対応策の検討　194
　④ 冗長性、多様性を持った対策　196
　⑤ 各組織のBCPの策定　197
　⑥ 組織作り　199
　⑦ 法令の研究、立法作業　202
　⑧ 訓　練　206
　⑨ 技術開発と改良　213
　⑩ 専門家の育成　216

⑪　コストからバリューへ　218
　⑵　危機発生時 ………………………………………………… 219
　⑶　事態収拾後 ………………………………………………… 219
　　①　何が起こったかの検証　219
　　②　反省と教訓の抽出　223
　　③　経験の伝承　224
　　④　更なる危機の想定と対応策の検討　225
　　⑤　危機管理の循環　226

おわりに

事例一覧

| 事例1◆豚由来新型インフルエンザ発生時の対応 ……………… 13 |
| 事例2◆チェルノブイリ原子力発電所の事故対応 ……………… 16 |
| 事例3◆モスクワ劇場占拠事件 …………………………………… 17 |
| 事例4◆北オセチア、ベスラン学校占拠事件 …………………… 17 |
| 事例5◆政治的要求を掲げたハイジャック事件（ダッカ事件）…… 19 |
| 事例6◆政治的要求を掲げた人質事件（イラクにおける邦人人質事件）… 20 |
| 事例7◆東日本大震災時の弱者救助 ……………………………… 24 |
| 事例8◆阪神・淡路大震災時の交通規制と人命救助 …………… 25 |
| 事例9◆緊急時における他人の土地への進入 …………………… 27 |
| 事例10◆危機に際しての「超法規的措置」 ……………………… 28 |
| 事例11◆「国家と国民のあり方」の国による違い ……………… 44 |
| 事例12◆刀伊の侵攻時の対応 ……………………………………… 46 |
| 事例13◆元寇時の対応 ……………………………………………… 46 |
| 事例14◆東日本大震災とハイチ地震 ……………………………… 49 |
| 事例15◆釜石の小中学生の自助行動 ……………………………… 52 |
| 事例16◆阪神・淡路大震災における若者の犠牲者 ……………… 53 |
| 事例17◆大規模地震時の公助の限界 ……………………………… 55 |

事例18◆口蹄疫発生時の国と県のあり方‥‥‥‥‥‥‥‥‥‥‥‥ 59
事例19◆東日本大震災時の県、市町村の役割‥‥‥‥‥‥‥‥‥ 60
事例20◆クライシスコミュニケーションの重要性‥‥‥‥‥‥‥ 73
事例21◆国際広報の問題点‥‥‥‥‥‥‥‥‥‥‥‥‥‥‥‥‥ 74
事例22◆津波ハザードマップの危険性‥‥‥‥‥‥‥‥‥‥‥‥ 77
事例23◆津波警報下での沿岸部での救助活動‥‥‥‥‥‥‥‥‥ 78
事例24◆危機に際しての直線的思考‥‥‥‥‥‥‥‥‥‥‥‥‥ 80
事例25◆自衛隊10万人の投入‥‥‥‥‥‥‥‥‥‥‥‥‥‥‥ 81
事例26◆被災時の燃料の確保‥‥‥‥‥‥‥‥‥‥‥‥‥‥‥‥ 83
事例27◆情報価値の判断のない報告‥‥‥‥‥‥‥‥‥‥‥‥‥ 88
事例28◆阪神・淡路大震災時の総理官邸及び内閣、政府の体制‥‥‥ 88
事例29◆護衛艦「あたご」の漁船衝突事案‥‥‥‥‥‥‥‥‥‥ 90
事例30◆領海内国籍不明潜水艦発見事案‥‥‥‥‥‥‥‥‥‥‥ 91
事例31◆在ペルー日本大使公邸占拠事件
　　　　～トゥパク・アマル革命運動（MRTA）に対する情報不足‥‥‥ 92
事例32◆アルジェリアの天然ガス関連施設での人質事件‥‥‥‥ 93
事例33◆衛星及び無人航空機のインテリジェンス活動‥‥‥‥‥ 95
事例34◆中央自動車道笹子トンネル天井板落下事故における
　　　　国土交通省の体制‥‥‥‥‥‥‥‥‥‥‥‥‥‥‥‥‥ 100
事例35◆報告における拙速と巧遅‥‥‥‥‥‥‥‥‥‥‥‥‥‥ 104
事例36◆不正確な当初の情報‥‥‥‥‥‥‥‥‥‥‥‥‥‥‥‥ 106
事例37◆新潟県中越地震時の山古志村の被害情報‥‥‥‥‥‥‥ 107
事例38◆東日本大震災時の津波警報と被害情報‥‥‥‥‥‥‥‥ 108
事例39◆口蹄疫発生時の初動対応‥‥‥‥‥‥‥‥‥‥‥‥‥‥ 110
事例40◆一日に紙数十センチの厚さの情報が報告される‥‥‥‥ 112
事例41◆各地からの大量の情報‥‥‥‥‥‥‥‥‥‥‥‥‥‥‥ 113
事例42◆情報の確認による判断の遅れ‥‥‥‥‥‥‥‥‥‥‥‥ 115
事例43◆東日本大震災における被害想定と緊急災害対策本部‥‥ 116
事例44◆三菱重工ビル爆破事件‥‥‥‥‥‥‥‥‥‥‥‥‥‥‥ 118
事例45◆元厚生事務次官等連続殺傷事件‥‥‥‥‥‥‥‥‥‥‥ 119

事例46◆天然痘患者の発生	121
事例47◆口蹄疫の発生時の対応	122
事例48◆最悪の事態の想定	123
事例49◆危機の連鎖に対するイマジネーションの欠如	125
事例50◆ハイジャック事案（9・11型ケース）	127
事例51◆我が国の内閣の危機管理担当者の体制	132
事例52◆米国のFEMA（緊急事態管理庁）の体制（三個班による体制）	133
事例53◆原子力事故に対処すべきオフサイトセンターの機能不全	135
事例54◆平成23年3月11日以降の官邸危機管理センターの体制	137
事例55◆内閣官房における訓練	138
事例56◆東北地方太平洋沖地震時の政府の対処方針	140
事例57◆部隊運用に当たっての優先順位	142
事例58◆原子力発電所の事故レベルの発表	148
事例59◆放射能汚染水の放出	150
事例60◆メルトダウンの判断	151
事例61◆目標達成のための国民協力の呼びかけ	153
事例62◆放射能の食品への影響についての発表方法	155
事例63◆福島第一原子力発電所の事故の際の政府現地対策本部〜現実には、本部長の権限は一切分掌されなかった〜	172
事例64◆原子力安全・保安院と原子力安全委員会及び東京電力	177
事例65◆口蹄疫発生時の農林水産省	178
事例66◆豚由来新型インフルエンザ発生時の厚生労働省と大阪府	179
事例67◆阪神・淡路大震災時の各省庁の対応	181
事例68◆複合事態への対応——3・11の場合	193
事例69◆原子力発電所立地、稼動の考え方	195
事例70◆自社のみのBCPの問題点	198
事例71◆東日本大震災時の県知事部局	200
事例72◆口蹄疫発生時の宮崎県	201
事例73◆福島第一原子力発電所事故時の原子力・安全保安院と経産省	201
事例74◆有事法制	203

事例75◆新型インフルエンザ対策特別措置法 ･････････････････ 203
事例76◆口蹄疫対策特別措置法 ･････････････････････････････ 205
事例77◆災害対策基本法の交通規制の規定 ･･･････････････････ 206
事例78◆ブラインド訓練の実際 ･････････････････････････････ 208
事例79◆全日空機ハイジャック事件時の警視庁、運輸省の対応 ･･････ 209
事例80◆言霊信仰が訓練を妨害 ･････････････････････････････ 212
事例81◆西洋の言霊信仰 ･･･････････････････････････････････ 213
事例82◆福島第一原子力発電所の事故に際してのロボット技術 ･･････ 215
事例83◆幻のSPEEDIの活用 ･･･････････････････････････････ 215
事例84◆訓練の不足と専門家の不存在 ･･･････････････････････ 217
事例85◆3・11以降の政府の記録 ･･･････････････････････････ 220
事例86◆福島第一原子力発電所の事故の検証 ･････････････････ 223

1 危機管理とは

　近年、危機管理という言葉が各方面で使用される場面が増えてきたように思われる。例えば、内閣の閣僚が失言を行った場合などにおいても、「危機管理がなっていない」とか、情報の漏洩事案が発生した場合においても、「危機管理体制が不十分である」等と使われることが多いが、ここで言う「危機」の概念や危機管理の意味するものは、それぞれであり、使用する人々によって異なっているとも言える。

　「危機管理」という言葉は、我が国では、ここ三十数年ほど前から広く使われ始めた言葉であるが、その定義は、上述のように人により多種多様であり、学問的に決まったものがある訳ではない。また、「危機」とは何であるかの定義も様々である。

　本書では、危機を、起こるであろう危機すなわちリスクと既に現実のものとなった危機すなわちクライシスとに分け、危機管理についても、起こるであろう危機の予防、予知、回避あるいは被害の軽減を行う「危機の事前対策」としてのリスクマネジメントと発生した危機への対処、すなわち「緊急事態対処」としてのクライシスマネジメントという危機管理を考え、本稿では、主として発生した危機、すなわち、「緊急事態対処」であるクライシスマネジメントを中心に考察してみる。まず、リスクとクライシスもともに「危機」と訳すべき言葉であり、日本語ではそれが一番ふさわしい訳語であろう。しかし、リスクとクライシス及びリスクマネジメントとクライシスマネジメントは、以下のように大きく異なる概念であると筆者は考える。

(1) 危機管理とは何か

① 危機管理の定義

「危機管理」という場合、危機の発生を予防し、予知し、回避し、あるいは軽減するための活動や、あるいは危機の発生した場合における緊急事態対処活動のみならず、被害の復旧、復興から次の新たな危機への対策に係る活動を含めることもできる。

危機管理を広い意味で捉えた場合、危機管理の活動を下記のようにいくつかの活動に分けることが可能である。

○まず、危機発生前の起こるであろう危機の予防、予知、回避あるいは被害の軽減を行うための活動、すなわち「危機の事前対策」(リスクマネジメント)としては、
- 「危機の想定」
- 「危機の研究」
- 「危機の原因となる事象若しくは対象に対する総体的情報及び危機の背景となる事象を把握するための基礎情報の収集」
- 「危機の予知」
- 「予想される危機の予防若しくは回避のための対策」
- 「危機管理体制の準備」
- 「訓練」

○次に実際の危機である
- 「緊急事態の発生」

○発生した危機へ対応するための、「緊急事態対処」(クライシスマネジメント)のための活動としての
- 「事案対処」
- 「応急対策」

○事態が一旦落ち着いてからの活動である
- 「復旧」

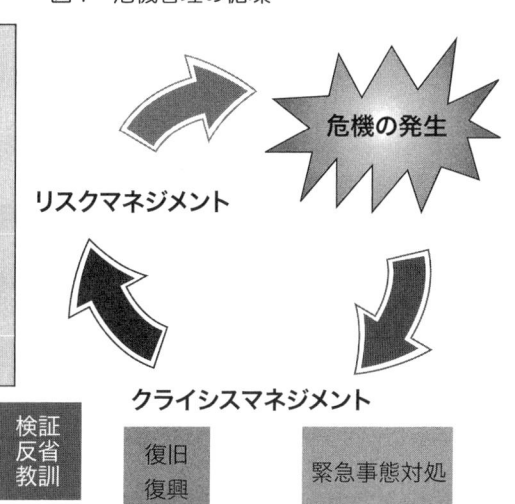

図1 危機管理の循環

［図：危機の事前対策（危機の想定／危機の研究／基礎情報の収集／危機対応策の検討／対応策の構築／危機の予知／危機の予防／体制の準備／訓練）→ リスクマネジメント → 危機の発生 → クライシスマネジメント（緊急事態対処／復旧・復興／検証・反省・教訓）］

・「復興」
・「検証」
・「反省」
・「教訓」

○そして、次の危機への対策（予防）までを捉えて考えることもできる。本稿ではこれを危機管理の循環と呼ぶ（図1）。

② 「危機の事前対策」〜リスクマネジメント

　リスクとは、通常、将来起こるであろう危機を指すことが多く、リスクマネジメントとは、起こり得る危機を想定し、危機の発生を予防し回避するための活動、あるいは、危機を予知し又は危機若しくは被害を最小限化するための危機の事前対策としての活動を言うことが多い。

　危機の中には、予防、予知又は回避できない危機もあり、例えば、自然災害、中でも地震やパンデミックのように発生そのものを予防することはできないものも多い。しかし、予防、予知又は回避はできないとしても、その被害を最小化するための活動も、リスクマネジメン

トと言うことができる。

　本書では、リスクマネジメントを、こうした将来起こるであろう危機に対処するための危機発生前の活動、すなわち、「危機の事前対策」を指す。

　一方、リスクマネジメントという言葉の意味するものとして、企業等の安全管理のような、予測可能で織り込み済みのマイナスを回避したり最小化する小規模な危機に対処するための活動を指す場合もある。

③　「緊急事態対処」～クライシスマネジメント

　本書では、緊急事態対処（クライシスマネジメント）とは、「発生した危機に際し、その危機による被害の最小化、拡大防止、新たな危機の連鎖の発生の防止のための活動」を指す。

　危機の発生は、突発的であり予測不能、また、処理、判断時間は、短時間であり、被害は甚大となる。また、危機の形態は、非定型的である。

　危機が発生した場合、通常、限られた情報、あるいは大量の情報の中での重大な判断が求められることとなる。

　こうした危機の発生は、言わば異常事態であり、これへの対処は、非日常的かつ重大な事柄であるため、通常、十分な備えがない場合、人々は慌てふためき、何から手をつければよいのか迷い、事態が深刻化するにもかかわらず傍観し、有効な手立てを講ずることができずに被害はますます拡大していくということが往々にして発生する。

　こうした緊急事態への対処を、クライシスマネジメントという。

　本書では、単に危機管理と言う場合は、リスクマネジメントとクライシスマネジメントの双方を包含した危機管理全体を指し、危機の事前対策を指すリスクマネジメントと緊急事態対処を指すクライシスマネジメントとは区別して考えるものとする。

(2) 国家、企業及び個人の危機管理

　国家の「危機の事前対策」（リスクマネジメント）や「緊急事態対処」（クライシスマネジメント）の考え方は、一般の企業や組織、また、個人にも適用できる考え方である。

　ただ、国民の生命、身体及び財産に重大な脅威となる国家的危機に対する危機管理と個人や企業の危機管理には根本的な違いがある場合が多い。

　一つに、危機管理のために投入されるコストの差が挙げられる。例えば、企業の危機管理は、企業の損失を回避する目的で行われることが多く、そのために投入されるコストは、危機によって生じる損失を上回ることは、通常はないと言える。

　ただ、企業の信用、社員の忠誠心、社会的名声など金銭に簡単に換算できない価値に対する損失を回避するためのコストは、目に見える損失を大きく上回ることはある。この場合であってもその投入コストは、失われる価値を上回ることはない。

　一つに、リスク配分の限界が挙げられる。危機回避のためあるいは、危機が発生した際に配分できる金額は、最大でも企業存続が可能な金額までである。企業の危機管理は、それがトータルで見て収支の向上につながる限りにおいて行われる。企業の存続を危うくするリスクにまで事業をコミットさせることはできない。このため、企業が危機により消滅する危険は常にある。

　人的資源の投入においても、企業は、生命の危険が大きい危機には人的資源を投入できる場面も限られてくる。

　ところが、国家には通常、投入するコストやリスク配分の限界はない。国家が国家的危機に対処するためには、必要な手段は最大限活用する必要がある。このため、徴税、徴兵という手段や、巨額の資金、資源の投入及び生命の危険が大きい場面における人的資源の投入とい

う手段は、最後まで、つまり、国家が消滅するまで常に残る。

　これは、国民の生命、身体及び財産の安全を守ることができるのは、究極的には国家しかないからである。一方、個人や企業には不正な侵害に対して、現場での対応を除けば、通常、事後の自力救済は認められていない。

　そのため、国家としては、国民の生命、身体及び財産を守るための危機管理に要するコストや人的資源の投入に限界を設けない。

　無政府状態を想定してみれば、そこは、原則として暴力が支配し、個人や企業は武装して自らの安全を守るしかなく、他の暴力を抑制するものは自らの暴力以外になく、常に危機と隣り合わせの状況であり、そこは、個人の生存の危険に満ちあふれている。

　国家は、その存在意義に基づき、国家的危機に際しては全力を尽くして国民の安全を守り、危機の回避あるいは危機の克服に努める必要がある。

　このため、国家のクライシスマネジメントにおいては、国家的危機に直面した場合、国民の安全確保のためであればどのようなことであっても行わなければならないし、また、それが許される。とはいえ、そこには限界がある。

　その限界こそが、当該国家の成り立ち、歴史、文化、国民性により定まるものであり、その国において国民が持つ国家観であり歴史観である。

　このため、国家のクライシスマネジメントにあっては、この国民の国家観に基づきクライシスマネジメントにおいて国家がやってはならないネガティブリストを作っておくことが望ましい。

　米国にあっては、軍隊にはネガティブリストのみあり、それ以外は安全保障上の必要がある場合は行動の制限はないと言われる。

　一方、我が国の自衛隊は、その歴史的沿革、憲法上の制約からポジティブリストによる行動制約がある。つまり、やれることが決まって

おり、国家的危機に際しての行動制約を国家の危機管理組織に自ら課すという状況となっている。

　国家にとっての最大の危機は、国家の消滅（他国による侵略、占領、併合又は無政府状態）、次いで体制の崩壊（国家統治の原則が変わり、国家の存在意義が変わるとともに、国民の間に価値観、安全、利益が大きく損なわれる人々が多数出てくる）であり、その回避に向けて国家は全力を尽くすこととなる

　他方、個人の危機管理は、国家の危機管理や企業の危機管理と異なり、最終的には危機に瀕する対象とこれを回避するための行動の主体が同一であり、極めて個人的に判断されるべきものであり、最終的には本人の人生観に基づいて行われるものであるが、これから述べるクライシスマネジメントの要素、根底となる考え方は、個人のクライシスマネジメントにおいても適用できるものが多い。

(3)　国家のクライシスマネジメントとは何か

　国家のクライシスマネジメントについて定義すれば、本書においては、「国民の生命、身体、財産に対する具体的脅威となる重大な国家的危機への対応」と定義し、これについて論じることとしたい。

　ここでは、国民の生命、身体、財産に対する危機であっても小規模なもので個別の省庁や地方自治体又は出先機関のみで対応可能なものや、国家の危機のうち、純粋に経済分野に限られ、国家の存続に影響の少ない主に経済的手法のみで解決を目指すものは、除いて考える（金融危機であっても重大で、その結果、国家の存続や国民の生存にとって重大な影響を及ぼす場合は別である。）。

　詳細は次章以下で述べるが、国家のクライシスマネジメントにあっては、危機の種類や態様により、主として対応する国の省庁や組織も異なってくるが、いずれも国家の緊急事態としての国を挙げた対応が必要となってくる。

国家のクライシスマネジメントにあっては、国を挙げた対応を行うためにも、国家の各機関の連携及び統一的な対応が求められ、そのためには、一元的な情報集中、指揮、組織管理を行うためのクライシスマネジメント体制の一極集中が重要となってくる。

　また、国家のクライシスマネジメントに当たって、その危機が大規模であればあるほど、その危機に対応するための手段も制限が少なくなければならない。また、危機対応のための手段やこれに投入するコスト及びそれを選択した責任についても、国民の理念に合致する限りにおいて、その任に当たる政策決定者の責任は限定的でなければならない。

　事態が緊急かつ重大で複雑な場合、様々なクライシスマネジメントの手段が想定される中、クライシスマネジメントに当たっての理念が明確になっており、それが国民の国家観や理念に合致している限りにおいては、その手段には、原則として制限はない。要は、何をやってもよいということとなる。国民は政策決定者に国家と国民の安全を委ねることとなる。このため、平時のことばかりでなく、いつ起こるか分からない国家の危機のことを考えれば、政策決定者つまり政権の選択は、言うまでもなく極めて重要となる。

(4)　国家を取り巻く様々な危機

　国家のクライシスマネジメントを考えるに当たり、国民の生命、身体及び財産に深刻な影を与えるおそれのある国家にとっての緊急事態にはどのようなものがあるかを想定し、その想定に基づき、緊急事態に伴うクライシスマネジメントのあり方を考察する必要がある。

　危機には様々な態様があるが、時代や社会状況、周辺の国際環境の変化に伴いその態様及び緊急事態発生の蓋然性は異なってくる。

　しかし、一般的には、自然災害と人為的な事件、事故若しくは戦争及びパンデミックのような病疫との3種類に分けることができる（図2）。

1 危機管理とは

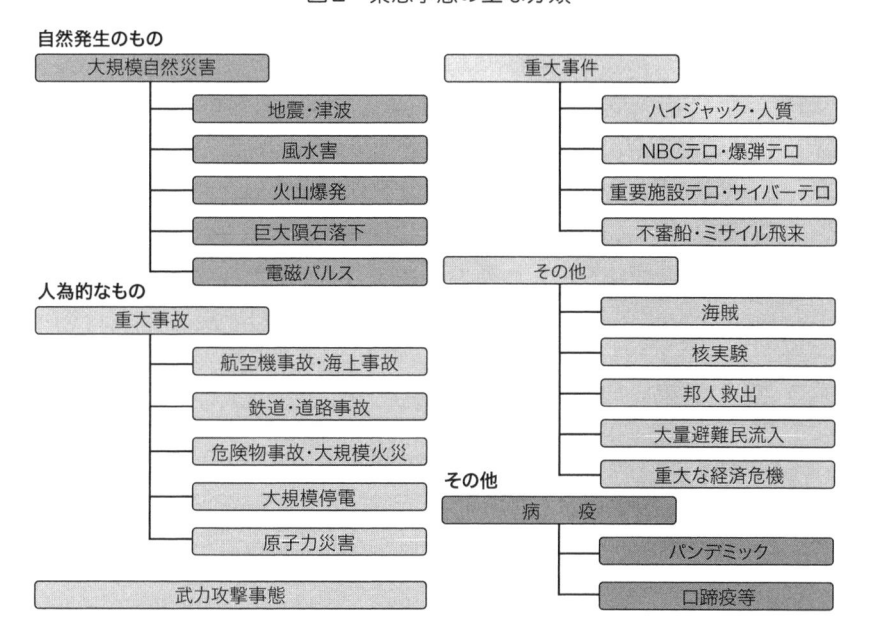

図2 緊急事態の主な分類

自然発生のもの
- 大規模自然災害
  - 地震・津波
  - 風水害
  - 火山爆発
  - 巨大隕石落下
  - 電磁パルス

人為的なもの
- 重大事故
  - 航空機事故・海上事故
  - 鉄道・道路事故
  - 危険物事故・大規模火災
  - 大規模停電
  - 原子力災害
- 武力攻撃事態

- 重大事件
  - ハイジャック・人質
  - NBCテロ・爆弾テロ
  - 重要施設テロ・サイバーテロ
  - 不審船・ミサイル飛来
- その他
  - 海賊
  - 核実験
  - 邦人救出
  - 大量避難民流入
  - 重大な経済危機
- 病疫
  - パンデミック
  - 口蹄疫等

---

① 自然発生のもの
●大規模自然災害
　地震、津波、風水害、火山爆発、巨大隕石落下、電磁パルス

② **人為的なもの**
●重大事件
　ハイジャック、人質、NBCテロ、爆弾テロ、重要施設テロ、サイバーテロ、不審船、ミサイル
●武力攻撃事態
●重大事故
　航空機事故、海上事故、鉄道事故、危険物事故、大規模火災、大規模停電、原子力災害
●その他
　海賊、核実験、邦人救出、大量避難民流入、重大な経済危機

③　それ以外のもの
●病疫
パンデミック（新型鳥インフルエンザ等）、口蹄疫等

なお、危機の分類のうち人為的なものを、ハイジャックやテロのように意図的なものと重大事故や大量避難民流入のように危害を意図せざるものに分類することもできる。後述のインテリジェンスの観点からは意味がある。

(5)　緊急事態発生の蓋然性と被害の重大性及び対策の多様性

ここで様々な危機についての危機管理を考える場合、緊急事態発生の蓋然性と緊急事態が発生した場合の被害の甚大性の関係は大きな意味を持つ。

危機を想定し、そのための対策を検討する場合、その対策にどの程度の人的、物的資源とコスト、時間をかける必要があるかは、正にその発生の蓋然性と被害の甚大性の積和及びコストによって決まると考えられるからである。

具体的には、戦争とテロの危機を考える場合、我が国においては戦争勃発の蓋然性とテロ発生の蓋然性では、テロ発生の蓋然性の方がはるかに高いということができ、他方、被害の甚大性という観点からは、戦争の被害の方がはるかに大きい。このため、その積和を考慮した場合、我が国においては、戦争という危機に備えるための人的、物的資源コストをテロ対策のためのコストより多くかけている。

ただ、現実に個人が緊急事態によりどの程度被害を受けるのかという観点からは、短期的に見れば、当面は、我が国の場合、テロによる被害を受ける可能性の方が大きい。このため、我が国政府の当面の緊急事態への対策としては、コストのかけ方は別として、テロ対策を重点に考慮されている。

同様のことは、地震対策や風水害対策についても言え、それぞれの発生の蓋然性と発生した場合の被害の大きさを考慮しつつ、その被害軽減のための対策がとられることとなる。

　一方、火山対策は、近年の被害が少ないという理由が主たる原因で、ほとんどコストがかけられていない。ただ、これまであまりコストがかけられていなかった津波対策だけは、今般の東日本大震災により特別の対応がとられつつある。しかし、東北地方太平洋沖地震の発生により、我が国全体が地震活動期に入ったと言われる現在、火山の活動も活発化する可能性が高いと言われており、例えば、富士山の大噴火の可能性とこれが首都圏に及ぼす影響を始め各火山の噴火の影響について、現代社会が経験したことのない事象であるだけに、真剣にシミュレーションを行う必要があることは言うまでもない。また、こうした各種の想定に基づき、それぞれの対応策を考えていくことも重要である。

　甚大な被害が想定される一方、低コストでその対策が可能なものもある。

　例えば、パンデミック対策の場合、対策として必要なものは、主として海外の情報収集体制、水際対策を含めた医療体制、ワクチンの製造、接種体制、パニック防止体制等の構築及び抗インフルエンザ薬の確保であるが、その多くのものは、通常の医療体制整備の中で対応可能なものが多く、ワクチンの製造、接種体制、抗インフルエンザ薬の確保、パニック防止体制、また、法体制を充実させることでかなりの部分の対策を行うことができる。

　ただ、医療体制の充実していない発展途上国では、このことは当てはまらず、基本的水準を向上させるだけで膨大なコストと人的資源及び時間が必要となるのは言うまでもない。

　このように、危機管理のための対策であっても、それが緊急事態にばかり対応するものでなく、通常の民生に役立つものであれば、危機

管理のためのコストが低コストですむことも多い。
　例えば、災害対策用ダムが、農業、発電等も兼ねた多目的ダムである場合等、民生用のインフラは緊急事態への対応に際しても大きな威力を発揮することが多い。
　危機管理を考える場合、当該事態の発生の蓋然性とその事態の発生により引き起こされる被害の重大性、及びこれを予防、軽減するためのコスト、あるいは、被害を予防し、軽減するための施策が及ぼす他の活動や生活の利便性への影響など、被害を軽減するための方策だけを考えるのではなく、取ろうとする方策とその得失を考慮する必要があり、実際に何を実行に移すか、考慮すべき事柄は多岐にわたる。

■例１　空港におけるセキュリティーチェックと新幹線の駅におけるセキュリティーチェックのあり方の違い

　現在、航空機のハイジャックや爆破テロを防止するため、空港、特に国際線においては厳重な手荷物検査や所持品検査が行われている。中でも、航空機への預け入れ手荷物の検査は、預け入れた手荷物だけが乗客が搭乗しないまま航空機と飛行することのないよう厳しくチェックされるとともに、搭乗客の所持品検査も、自爆テロやハイジャックの危険も考慮し、液体等の持ち込みやライター等の小型危険物の持ち込みも禁止している。
　一方、航空機と同様、爆破テロが発生すればその被害やテロリストの宣伝効果は航空機爆破と同様の結果をもたらす新幹線の駅においては、何らの持ち込み手荷物の検査や乗客の金属探知も行われていない。
　その理由の一つは、航空機と異なり新幹線ジャックは行いにくいことや、過去に爆破テロは行われていないし、その試みも発見されていないということに過ぎず、加えて、大量の乗客の手荷物や金属探知を行うことの手間や乗客の利便を考慮すれば、何らの検査も行わないと

いう結論になっているのである。

　ただ、一度でも爆弾テロにより甚大な被害が発生した場合は、状況には大きな変化が出てくるものと考えられる。

■例２　津波防止のための防波堤の設置の考え方はどうあるべきか
　東北地方の太平洋沿岸では、過去の津波による度重なる被害の経験から、これを防ぐため、高さ10メートルに達する防波堤を設置して備えていた地区があったが、今回の東北地方太平洋沖地震ではこれを大きく上回る津波が襲来したため、この防波堤は破壊され、津波を防ぐことはできなかった。一定の規模の津波には有効な巨大防波堤でも、今回の津波には限界があり、今後、更に巨大なものを作るのか、他の方策を考えるのか、危機発生の蓋然性とそれを防止するためのコスト及び対策が及ぼす他への影響を考慮しつつ、津波対策を考える必要がある。東海、東南海、南海の大津波が懸念される今日、各地において真剣に検討されるべき事柄である。

事例１◆豚由来新型インフルエンザ発生時の対応

　平成21年（2009年）４月、豚由来の新型インフルエンザが発生し、WHOは、パンデミック（世界的大流行）となる可能性を発表し、我が国でもその感染拡大防止策が検討されることとなった。

　筆者は、政府の対策本部の事務局長として、その対策に当たったが、我が国への感染拡大は必然的であり、我が国で初めて感染者が出た場合における対策について検討した中で、学校の閉鎖についてどうするかが問題となった。

　ある地域において感染者が初めて出た場合、その蔓延のスピードを遅らせるため、学校閉鎖又は学級閉鎖（当然保育園の閉鎖も含まれる）により学校からの感染拡大を防止することは疫学上も大変有意義なこ

とであるが、どの程度の範囲の学校閉鎖を行うかは、その効果とマイナス面を考慮して決定する必要がある。

当初、感染症対策の専門家の意見に基づき厚生労働省が持ってきた案は、一人でも国内に感染者が発見された場合は、全国の学校を直ちに閉鎖し蔓延防止に当たるというものであり、その影響は甚大なものとなる。

もちろん、その時点では、新型インフルエンザの毒性はまだ不明であり、全国での学校閉鎖は、疫学的には最善の策かもしれなくても、社会的影響を考えれば採りうる策ではないと考えられた。このため、筆者が専門家及び厚生労働省にその旨指摘すると、専門家らが指摘を受けて示してきた対案が、全国における学校閉鎖でなく、例えば、熊本市で1件目が発生したのであれば九州全域、東京であれば関東全域で学校閉鎖を行うというものであった。これでは、原案と大差なく、筆者の指摘により最終的には、患者が発生した市内又は区内の学校とし、通常の季節性インフルエンザよりも大規模な対策を取ることとなった。

新しいインフルエンザの毒性、感染力、学校閉鎖のもたらす社会的影響等を勘案し、対策を決定していくことは、ただ感染拡大防止のための最善策を一直線で進めることとは異なることを示すものであった。

2 クライシスマネジメントの根底となる考え方

　国家的緊急事態が発生した場合において、政府がこれを認知した場合は直ちにこれに対処することとなるが、その際、何をどのように優先して行うかということは、極めて高度な判断に基づくものが多い。通常、国のクライシスマネジメントにおいては、被災者の救済、危機の原因となるものの除去、被害拡大の防止、そして危機により毀損されるかも知れない国家のガバナンスの維持が求められるが、そのクライシスマネジメント活動の目的、優先順位、方法、手段については、国の歴史において長年積み重ねられた経験と国民的な暗黙の了解の下に、国民の理念に合致した方法と手段で行われる必要がある。

　国家の危機に当たり、当該国家がどのようにクライシスマネジメントを行うかは、当該国家の政府の考えやその国の国民の歴史観、国家観によって大きくその内容が異なってくる。それは、その国の歴史、民族性、文化、政治的経験等により、為政者や国民の意識も大きく異なっているからである。

　ここでは、我が国をはじめとする民主的国家におけるクライシスマネジメントについて述べることとするが、それは、民主的国家とそれ以外の国家においては、クライシスマネジメントの目的も優先順位も手法も大きく異なる場合があるからである。

　民主的国家においては、クライシスマネジメント活動を行う政府は、危機の発生と同時に、常に、マスコミをはじめとする国民の監視、批判、事後の検証、そして、野党勢力の批判にさらされながら危機対応を行っていく必要があるが、民主的国家でない一部の国家にあっては、

こうした国民の監視、批判、事後の検証を顧慮する必要はほとんどなく、また野党も無視できる存在である場合が多い。

加えて、通常の民主的国家であれば、人命をはじめとする人権、目的達成手段の妥当性、法手続き、適法性、政治道徳上の課題、コストなどを、手段の効率性や他の目的達成手段との比較の上で、熟慮しつつ最終的な決断を行う必要があるが、これらの国家にあってはこうした考慮をほとんど払うことなしに、合目的的に、直ちに危機の原因の除去という効率性を第一に考えることも可能な場合が多いからである。この場合、考慮されないのは、適法性や政治道徳上の問題に加え、危機により被害を受ける人々の人権のみならず、危機対応に当たる要員の人権である場合が往々にしてある。

事例2◆チェルノブイリ原子力発電所の事故対応

　1986年4月25日、旧ソ連（現ウクライナ）のチェルノブイリ原子力発電所の4号機で事故が発生、大量の放射性物質が放出された。この事故により、原子炉及び原子炉建屋が破壊され、続いて当該原子炉に減速材として使用されていた黒鉛の飛散により各所で火災が発生した。この周辺の消火作業で多数の犠牲者が出たほか、炉心の黒鉛の燃焼を食い止めるとともに放射線を遮断するため、大量の石灰石、鉛、土砂等が投入され、軍の兵士等により手作業で作業が続けられる場面もあったという。

　運転員、消防士等30数名が死亡したほか、消火作業や放射線遮断作業に当たった作業員、軍の兵士、周辺住民等にも放射線の影響により、後日、多数のがん患者が発生し死亡する等の犠牲があったと言う。その数は、正確には不明なるも膨大な数字とも言われている。

　事故当時、作業員、兵士らは、放射能の危険性についての詳しい説明もないまま現場での作業に当たったと言う。

事例3◆モスクワ劇場占拠事件

2002年10月23日、ロシア連邦モスクワ市のドブロフカ劇場で、42人の武装勢力が観客900人以上を人質に取るという事件が発生した。

武装勢力は、チェチェン共和国からのロシア軍の撤退を要求、これが受け入れられない場合は、人質の殺害を行うと警告してきた。このため、ロシア当局は、人質の殺害予告期限が迫った10月26日早朝、特殊部隊を投入、特殊部隊は、武装勢力、人質もろとも強力な催眠ガスを使用して武装勢力の無力化を図った。その後、特殊部隊の劇場内への突入の際の銃撃戦等もあり、武装勢力は全員死亡したが、人質100数十人が催眠ガスにより窒息死したと言われている。

事例4◆北オセチア、ベスラン学校占拠事件

2004年9月1日、ロシア連邦北オセチア共和国のベスラン第一中等学校において、約30人の武装勢力が児童、生徒、父兄、教員等1,000人以上を人質に取り、チェチェン共和国からのロシア軍の撤退等を要求して立て籠もった。

武装勢力は睡眠薬等の混入を恐れて水、食料の搬入を拒否したため、子供をはじめ人質の健康状態が憂慮された9月3日未明、警察部隊、特殊部隊等との間で銃撃戦が始まり、人質300人以上、警察官、特殊部隊員等数十人及び武装勢力30数人が死亡したと言われている。

上記の事例に見られる危機の対応策は、普通の民主国家においては、通常とられる手段ばかりではない。

本書では、我が国をはじめとする民主主義国家のクライシスマネジメントについて考えるものとする。

(1) 目的の統一

　本章冒頭で述べたとおり、クライシスマネジメントに当たっては、発生した危機に対して、何を目的に、何を優先してどのような対策をどのように行っていくのかということをまず決めていかねばならない。

　国家の危機に際してのクライシスマネジメントの目的は、国民の生命、身体、財産を守るため、被害者の救済、危機の原因の除去と被害拡大の防止及び国家のガバナンスの維持がまず挙げられるが、その中にあっても何を優先してクライシスマネジメントの目的とするかは重要な判断である。

① 危機の性質の判断

　危機が発生した場合、クライシスマネジメントの目的を定めるためにも、また、危機に対応するためにも、この危機がどういう性質の危機なのかをまず考える必要がある。危機の種類によっては、その性質を直ちに見極められるものもあるが、例えば、ハイジャック事件のような場合、それが単なる犯人の個人的要求を目的とするようなものであり、危機にさらされているのは乗客、乗員の生命だけなのか、それとも、乗客、乗員の生命と引き換えに政治的要求を実現しようとしており、国家のガバナンスも危険にさらされているのか、更には、9・11型のテロを意図しているのかにより、その様相は大きく異なってくる。

② 危機対処方針における明確な目標設定

　国家的危機の発生に際しては、政府の最高レベルで危機対応に当たっての基本的対処方針を定めるべきことは既に述べたが、基本的対処方針を定めるに当たっては、クライシスマネジメントの目的とこれを達成するための目標を明確に定めることが重要である。

　国としてこの危機に当たって何をしようとしているのかの目的及び目標

を明らかにすることが重要であり、その内容も、特に、国民が国家に期待するもの、国家でなければできないものが国のクライシスマネジメントの目標となる。

通常は、上記の人命の救助、被害の拡大の防止、ガバナンスの維持が優先されることとなるが、危機の内容によってはそれらの目標を同時に達成することが困難であり、一方を立てれば一方が立たないという互いに矛盾する場合もあり得る。

例えば、①で述べた危機の性質の違いによって、第一の目標が人命の救助ではなく、国家のガバナンスである場合も、状況によってはあり得るであろう。

事例5◆政治的要求を掲げたハイジャック事件（ダッカ事件）

昭和52年（1977年）9月28日、パリ発東京行き日本航空機が、インド、ボンベイ空港を離陸直後、武装した国際的極左グループ「日本赤軍」5人にハイジャックされた。

日本航空機は、バングラディシュのダッカ空港に着陸し、犯人とバングラディシュ当局との間で交渉が始まったが、犯人グループは、日

ダッカ事件〜ダッカ空港にハイジャックされて駐機する日航機
（毎日新聞社提供）

本国内に身柄拘束中の日本赤軍メンバーら9人の釈放と身代金の支払いを要求した。

日本政府は、当時の福田赳夫総理大臣の「人命は地球よりも重し」との判断の下、出獄を拒否した3人を除く6人を超法規的措置として釈放し、10月1日に出国させるとともに犯人に身代金600万米ドルを支払い人質と交換した。

我が国の対応に対し、「テロに屈しないことこそがテロの再発を防止するのであり、今回の行為は、テロリストにテロ要員と活動資金を提供する行為であり、テロとの対決姿勢に欠けるものだ」との批判が国内外から寄せられ大きな議論を呼んだ。

事例6◆政治的要求を掲げた人質事件（イラクにおける邦人人質事件）

平成16年（2004年）10月27日午前2時頃、イラクにおいて「イラクの聖戦アルカイダ組織」を名乗るグループにより、「日本人青年を人質にした。日本政府が48時間以内にイラクからの自衛隊の撤退に応じなければ、人質を殺害する」との犯行声明がインターネットを通じて出された。

これに対し、我が国政府は、当時の小泉純一郎総理大臣の指示の下、人質の解放を求めるとともに、テロリストとは妥協しないとの立場から、犯行声明から約5時間後の同日午前7時頃、自衛隊はイラクから撤退しない旨の声明を発表した。

その後、青年は犯行グループにより殺害され、遺体は10月31日、バグダッド市内で発見された。その模様は、後日、インターネットを通じて動画配信された。

本事件も、事例5のダッカ事件と同様、被害者の生命と国家のガバナンスをともに危機に陥れる事件であったが、小泉政権にあっては、福田政権と異なり、国家のガバナンスを優先して、人質事件に対応した。

それまで、イラクに軍隊を派遣していた他国の国民が人質となり、

> 同種の脅迫を受け、ほとんどの国でこれに屈しないという対応を取っていたことや、ダッカ事件と異なり人質の数が少なかったこともあったが、当時は、テロに屈しないという姿勢が世界的にもより求められ、我が国の世論もこのことを当然視する状況であったため、小泉政権の判断も素早く行われたものと見られる。
>
> その結果、人質殺害というまことに痛ましい事態となったが、世論は比較的冷静に反応し、政権に対する批判は少なかった。

(2) 緊急時における価値観の変化

　緊急事態が発生した場合において、危機により被害を受けた人々を救済し、危機の拡大を防止しようとしたとき、そこには、平時とは異なる理念が働くことに留意しなければならない。なぜなら、国家の緊急時にあっては、国民の多数の人命が危機にさらされており、短時間のうちに危機に対処して行かなければ、対応は手遅れとなり、クライシスマネジメントの目的の達成は困難となるからである。

　クライシスマネジメントの目的を達成するためには、通常の平時における価値観とは異なる価値観により事態対処に当たらねばならない場面が数多く出現する。とりわけ平時において尊重されねばならない私権や優先的に保護されねばならない弱者、また遵守せねばならない法手続きなど、平時と同じように考えることがむしろ有害となる場面もある。

①　私権の制限

　緊急事態に対する応急対策を実施する上で、平時においては数々の手続きを経て行うことが求められる私権の制限についても、緊急時においては、こうした手続きを経る暇がなく、より簡易な形で、或いは応急対策実施責任者の判断により私権の制限を行うことが求められる場合も多い。

緊急事態においては、一人ひとりの私権の保護よりも、より多数の人々に対する危険の除去という公共目的が優先されるべきであるからである。事態が深刻であればあるほどその要請は強まるのであり、国民としても他人の生命、身体、財産の保護という公共目的のためには、まずは、財産権が制限されることを受忍することが求められる。

　危険な事態が発生した場合の一般的な法制としては、警察官職務執行法や消防法等に見られるような、緊急事態において応急対策に通常従事する公務員の緊急時における権限と私権の制限を定めた法律もあるが、国家の危機に的確に対処するためには、緊急事態の態様に応じて、緊急事態ごとの特別法により、応急対策に従事する危機管理責任者や現場の公務員の権限を定めるとともに、これに伴う一般国民の私権の制限のあり方、国民の受忍義務やその他の義務の内容をあらかじめ定めておくことが望ましい。

　緊急事態が発生して、緊急に立法措置を行い、事態に対処することもあるが（現実にはこうしたケースは数多く見られる）、国会の手続きに時間がかかることや短時間の議論では必ずしも危機管理を行う上で必要かつ十分な立法がなされるとは限らないことなどから、事が起こる前に、平時において十分時間をかけ、事前の立法措置を行うことのほうがより望ましいのは言うまでもない。

②　弱者の位置付けの変化

　平時においては、人々の中でも様々なハンディを抱えた生活弱者を優先して保護したり、先に救済すべきことは当然のことであるが、緊急事態発生時は、必ずしも弱者が最優先の救助対象とは限らないこともある。

　緊急事態により被災した人々のうち誰を優先して医療を提供するかという問題についても、瀕死の重傷者を常に優先するのではなく、限られた医療体制の中でできるだけ多くの人々の命を救うという医療トリアージの考え方に見られるよう、有限の人的、物的資源の中で、で

きるだけ多くの人々の生命を守るという観点に立った応急対策が求められる場合がある。

この場合、何を優先してどのような応急対策を行うかは、後に述べるように政策決定者の価値観、国家観によることが多い。また、これは、こうした政策決定者のみならず、現場で応急対策に当たるものにとっても、瞬間的に判断すべき重要な価値判断であり、日ごろから自らの国家観や業務に対する哲学を考えていることにより、より果断な判断が可能となるものであろう。

■例　医療トリアージの考え方
　医療トリアージは、元来、戦争に伴い大量の死傷者が発生し、医師、看護師、医薬品をはじめとする医療資源が限られた場面における優先治療のあり方を考えることから始まったといわれる軍隊の野戦病院における優先順位決定の手法であり、限られた医療資源下において、いかに最も効率的に医療資源を患者に振り向けるかという発想で行われるものである。

この発想は、近年、同様に医療資源に制約があり、大量の死傷者が出る災害医療現場等の緊急事態発生の現場においても適用されるようになった。

具体的には、平時のように、最も重態の患者から優先的に治療を始めるのではなく「何もしないと死亡することが予想されるものの、その場の医療能力と負傷者全体の状況から判断して、当該患者の治療を行うことが、結果として他の生存可能な患者の治療を遅らせこととになり、全体の不利益となる」と判断される場合において、通常とは異なる優先順位をつけて医療を行うという考え方である。言葉を変えれば、医療資源が限られた中にあっては、生きるかどうか分からない患者より、手当てをすれば確実に生きる可能性の高い患者から優先的に治療し、全体としての死者の数を減らそうという考え方である。

事例7◆東日本大震災時の弱者救助

　東北地方東太平洋地震が発生した際、東北地方をはじめ太平洋沿岸各地の消防組織は、津波の襲来が近いとの予想から、沿岸地帯にいる住民に対し避難の呼びかけを行うべく、消防車などに分乗して早急の避難の呼びかけ広報に従事した。地震発生と同時に停電となった地域も多く、こうした広報車の呼びかけで避難の必要性に気づいた人も多くいたと見られ、停電の中、テレビやラジオの情報が届かない人々に対しての広報車による広報や防災無線による広報は、住民の避難を促す上で大きな力を発揮する手段である。

　ある広報車が避難の呼びかけを行っていたところ、ある家庭の家人から、「うちに病気で寝たきりの老人がおり、自分では歩けないので広報車で一緒に避難させてほしいので、乗せてくれないだろうか」との訴えがあったという。そのときはまだ広報の途中であり、まだこれから避難の呼びかけを行わなければならない地域があったため、救助をいったんは躊躇したものの、ここで見捨てて行けば、その寝たきりの老人はきっと助からないだろうとの思いから、広報を中断して老人の救助に当たっていたところ津波が襲来し、消防職員や老人の家族もろとも津波に飲み込まれ犠牲になったという。

　一方、具体的な人数は不明なるも、同じく津波の犠牲になった人々には、その広報車が避難の呼びかけに回ろうとして回れなかったため、避難すべきことが分からず避難が遅れ犠牲になった人々も数多くいたと思われる。

　寝たきりの老人を救助しようとして犠牲になった消防職員には、その勇気と献身的な行為に深く感謝するしかないが、その犠牲はあまりにも痛ましいというほかはない。

　大勢のまだ広報が終了していない地域の住民のことを考えれば、眼前の救助を求める人の救助と情報を知らずに避難していない人々に早く広報をとの思いとの間で大きな葛藤があったに違いなく、まことに悲しい事態ということができる。

2 クライシスマネジメントの根底となる考え方

事例8◆阪神・淡路大震災時の交通規制と人命救助

　阪神・淡路大震災が発生した際、地震により多くの建物が倒壊し、被災者の救助に駆けつけようとした消防、警察、自衛隊等の車両が通行できる道路が限られていたため、兵庫県警察では、かろうじて通行できる幹線道路を緊急自動車のみが通行できる緊急通行路として指定し、一般の車両の通行を禁止する措置をとった。また、緊急通行路を確保するため、大勢の警察官を交差点に配置して一般車両の通行を禁止する措置をとった。しかし、家族や親族の安否を確認するためや救援するため多くの一般車両が被災現場に殺到し、緊急通行路の入口となる各交差点では大きな混乱が生じていた。

　そうした中、交差点で交通規制に当たっていた警察官に「近くで家の下敷きになっている人がいるので救助してほしい」「人が生き埋めになっているので掘り出してほしい」との訴えが相次ぎ、交通規制に当たっていた警察官は、次々と交通規制の持ち場から離れて住民の救助に赴くこととなった。このため、緊急通行路には多数の一般車両が入り込み、通行できる道路が少ない中、緊急車両が大渋滞に巻き込まれ、被害の大きい被災地の中心部へ到達するのに多大な時間を要する結果となってしまった。その結果、被災地において建物の下敷きになったまま救助を待っていた人々が、火災や救助の遅れから犠牲となる結果の一因となったのである。

　警察官にとって人命救助は、そうした眼前の訴えに本能的に反応する重要な任務であるが、こうした事態における緊急通行路の確保ということも、被災の現場は目に見えなくとも、同様に多くの人命を救助することにつながる重要な任務なのである。

　当時、警察庁で交通規制課長として緊急交通路の確保に責任を有していた筆者は、権限を有する警察官にしかできない緊急通行路確保の任務は、他の一般人にも可能な被災者の救済という任務と比べて代替性が利かない任務のゆえにより重要であることを痛感したものである。

③ 法手続の省略

　緊急時においては、平時の法手続きにより応急対策を行っていたのでは適切な応急対策が実施できない場面は往々にしてある。

　目的達成のために緊急避難的に法手続きを省略しなければならない場面や、通常であれば求められる法的義務が緊急事態であるがゆえに履行できない状況、あるいは既に緊急事態の発生により違法状態が発生しているもののそれを解消するための手続きを踏むことが困難となっている場面など、平時であれば当然求められる法手続きが省略せざるを得ない場面である。

　この場合、違法な手続きや違法状態の発生を緊急事態であるがゆえに超法規的にやむを得ないことと容認できる場面もあるが、事案終息後問題になることもあり、あらかじめ緊急事態の態様ごとに、予想される違法状態を一定の条件の下に違法としない法的担保や、簡略な手続きにより必要な法的措置が取れる方法を、事前に立法措置により定めておくことが望ましい。

　国によっては、あらかじめ憲法の規定により、国家の緊急事態に際しての政府又は為政者の緊急的な臨時の立法権を認めて応急対策に当たることができるよう定めた国もある。この場合、事前の立法措置では想定できなかった事態においても、事案発生後において短時間で立法措置又はこれと同等の法的措置が取れることなり、より迅速な緊急事態への対応が可能となる。我が国においては、このような憲法上の規定はなく、憲法上の権限としての、政府単独の緊急時の立法権はない。こうした権限は、憲法改正により政府に付与していく以外はなく、現行憲法を考える上での課題でもある。

　一方、緊急時において通常必要と考えられる一般的な政府の特別権限を認めた法律もない。すべて個別に立法措置をしていく以外にないというのが現状である。

事例9◆緊急時における他人の土地への進入

　緊急事態が発生した場合、応急対策を行う上で、どうしても他人の土地を通って行かなければ効果的な活動ができないなど、通常であれば法手続きを踏んで行うものをその余裕がないということは往々にしてある。その土地の所有者や管理者が現場にいる場合は、所有者等の了解を得て土地を通行することも可能であるが、所有者等が現場にいない場合は了解が取れないので通行できない、通行すれば建造物侵入や軽犯罪法違反という不法行為になるというのでは効果的な応急対策ができないことになる。

　応急対策上必要であるからという理由だけで何でもできるというわけではないが、こうした例にも見られるよう、法手続きを遵守することにより失われる利益と手続きを省略することにより侵害する利益とを比較衡量の上判断すべきという場合が、緊急事態においては発生することも多い。あらかじめ法律上こうした法手続きを省略して実行することが公務員に認められている立法例も多いが（例：警察官職務執行法、消防法）、すべての緊急事態を想定してすべての法律であらかじめ立法されているわけでもないので、現場における判断で法手続きの省略が行われる場面も多い。

　こうした場合、後で批判されたり、責任を問われたりすることを恐れるあまり、現場の責任者としてやるべきことを行わないといった事例も見受けられ、特に公務員の場合においては、極端に法手続きにこだわったり、前例を探そうとして決断に時間を要したりする傾向が見られる者もいるが、むしろ公務員こそ全体の奉仕者として、緊急時における全体の利益を考えつつ迅速的確な判断が求められる。立法されていないから行ってはいけないとばかり考えてはいけないケースも多いのである。

　ここにも、公務員として日ごろから全体の奉仕者としての国家観を養成しておくことの重要性が現れるケースが見られるといえよう。

> **事例10◆危機に際しての「超法規的措置」**
>
> 　昭和52年（1977年）のダッカ事件においては、日本国政府は、「日本赤軍」を名乗るハイジャック犯人の要求に応じ、乗客、乗員の安全と引き換えに、身柄拘束中の赤軍メンバーを釈放したが、この釈放行為は、法に基づくものとは言えず違法な行為であり、当時は「超法規的措置」と称されていた。
>
> 　テロリストに妥協して国家のガバナンスを大きく毀損した行為の是非は別として、こうした行為も緊急事態における法手続きによらない行為ということができる。これらの行為は、危機に対処するに際しては往々に見られることと言える。

④　徴税、動員

　国家の緊急時において、これに対処するために必要な予算や人員を確保するための臨時の徴税や国民の動員は、その危機の重大さに応じて必要となってくる場合がある。とりわけ、国家消滅の危機又はそれに準ずる危機に際しては必要となってくる場面が多くなるが、それをどの程度の範囲でどの程度の規模で行うのかは、正に、当該国家の歴史、文化、民族性に基づく国民の国家観、歴史観の問題であり、最終的には、当該国家の国民が決定する事柄である。

(3) 優先順位の決定

　(1)に述べた目標の設定及び緊急時の価値観の変化と関連するが、危機対応に当たっては、対応する上で何を第一の目的とするか、また目的が定まったとしても、例えば被害者の救済という目的の中で誰を優先するかの優先順位の決定が求められる。また、同時に多数の目標を達成しようとする場合において、対応すべき手段に限界がある場合は常であり、その限られた手段で同じ目標であってもどこを優先して対

応に当たるかは、現場において判断する場合も含め、危機において判断を迫られる事項である。

この場合、優先順位を決定する必要があるが、この優先順位の決定こそ危機対応に当たる者の価値観、国家的危機にあっては国家観が大きく反映されるものとなる。

① 価値基準の決定
ア 優先順位決定の必要性

危機の発生にあっては、判断の時間は限られており、また、危機の拡大を防止する上でも短時間のうちに対応手段を決定する必要があること、加えて、同時多発的に救済を求める声が多方面から寄せられること、一方、これに対応する手段及び資源は限られていることなどから、優先すべき事項を定めて対応に当たる必要があるが、危機管理の任にある政府が何に価値を置くかで優先順位が異なってくる。

イ 現在の価値と将来の価値

国家を運営する場合において国内の様々な価値を保護し、これを育成して行くことは国政に与かる者の務めであるが、危機にあってはこれらの価値を危険から守っていくことは当然の務めでもある。

このため、当面、危機に瀕している価値の救済に全力を尽くす必要があるが、この場合においても眼前の価値ばかりを見て危機の対応に当たるのではなく、同時に将来危険にさらされる価値についても見通した対応が求められる。眼前の危険を救済することが、かえって将来の危険を招来することもあるからである。

また、人命の救助に当たっても、最初に救済すべきは、現在の弱者である老人なのか、将来を担う子供なのか、それとも働き盛りの眼前の危機の対応に当たる大人なのかの判断を迫られる場面もあり得るのである。

■例　インフルエンザワクチンの接種順位

　新型インフルエンザが発生した場合、これが強毒性のもので罹患した場合の死亡率も高いという場合、早急に新型インフルエンザに対応するワクチンを製造し国民に投与する必要があるが、全国民分が同時に製造できる訳ではないため、この場合、製造された順に国民に接種して行く必要がある。どの順番に接種して行くかは、大きな問題である。もちろん、毒性、死亡又は重症化率、感染率等により判断されるものではあるとしても、将来を担う子供を優先すべきか、通常は死亡率の高い老人を優先すべきか、あるいは、感染拡大防止策や重要インフラの維持に当たる働き盛りの大人を優先すべきかは、そのときの新型インフルエンザの特性を見極めて判断されなければならない。

　筆者が内閣危機管理監を努めていた平成21年（2008年）の豚由来の新型インフルエンザ発生の際も、ワクチン接種に当たっては、当該新型インフルエンザの特性を見極めてワクチン接種の優先順位付けを行った。

　　ウ　守るべき価値の間での優先順位

　また、クライシスマネジメントの目的となっている様々な価値の間でもその優先順位が問われる場面も多い。被災者の救済を優先すべきか、被害の拡大防止を優先すべきかは、常に問われる課題であるし、被害者の人命と国家のガバナンスのどちらを優先すべきかの問題は、政府に大きな難問として問われ続けることとなる。

　また、この問題は、政府の政策決定者だけの問題ではなく、現場レベルで危機対応に当たるものにとっても、常に問われる課題でもあり、政府レベルのみならず現場レベルでも、危機対応に従事する者が日頃から考えておくべき事柄でもある。

■例　テロ、人質事案への対応～テロに屈しないことの意義

　既に見てきたように、政治的要求を伴う人質事件のように、人命へ

の危害という危機とガバナンスの危機のうちどちらを優先させてこれに対処するかを問われる場面も多い。

　人命を優先させれば、当面の眼前の危機は回避できるものの、これは、当該政府は、人命を人質に取れば政治的要求を飲ませることも可能であるとのメッセージをテロリストに与えることでもある。一方、テロに屈しないことは、将来、同種の人質事件を引き起こしても政治的要求を通す結果にはならない、つまり、何の政治的効果ももたらさないとのメッセージを他をも含めたテロリストに与えることにもなり、再発防止効果は大きい。危機に際しては、その両者の間で判断を求められることとなる。

②　有限な資源の活用
ア　価値基準に基づく資源活用
　危機の発生に当たっては、通常とは比べ物にならないほどの業務が発生することとなるが、対応すべき事象は、手持ちの活用できる人的、物的資源ではすべてを対応することが困難なほど大量であり、すべてを同時には対処できないことも多い。この場合、何を優先して、まず何をなすべきか、どこから人的、物的資源を投入していくかの決定は、難しい判断となる。

イ　資源の使い方と配分
　価値基準が定まり、優先順位が決まった後においても考慮すべき事柄は多い。活用できる資源を優先順位に従ってどう配分するのかの問題が直ちに発生する。優先順位が低いからといってまったく対応しないわけではなく、どの程度重点配分していくかは、大きな課題であるが、これも短時間のうちに判断していかねばならない。

　危機の態様によっては、やるべきことがある程度経験則的に決まっていることも多いが、危機の状況判断、危機の進展の見通し、新たな

危機の連鎖の可能性などを判断しつつ、資源配分を決めていくことになる。

この場合も、いわゆる資源の集中的運用か分散型の運用なのか、いわば作戦面でのオペレーションの重要性が表面化する。

また、活用しうる資源の更なる動員を視野に入れつつも、当面活用できる資源を全面的に投入して初動活動に力を入れるのか、いわゆる兵力の逐次投入を行いつつ新たな事象に備えるのかのオペレーションの判断も重要である。

いずれも危機の状況に応じての判断となるが、この判断は政策的というよりも、むしろ専門家によるプロフェッショナルとしての判断を重視していくことになる。戦略目標は政策担当者が決め、戦術は専門家に任せるという発想が重要となる。

限られた資源をどう使うかという判断は難しいことが多い。重大緊急事態が発生すると、同時に多くの事態が発生する一方、事態に対処している最中に新たな事態が次々に発生するということも多い。

事態の発生を受け、それぞれの現場で手持ちの要員や資器材をつぎ込んで対処している最中に次の事態が発生し、そこに新たな要員や資器材を投入しているとまた新たな事態が発生するということは往々にして起こるものである。

大事なことは、こうした場面で成否を決めるのは、緊急事態が発生した場合において、後に述べる事態の大きさやこれに対処するための必要な方策に対する全体像をイメージできるかどうかでもある。とある事態が発生した以上、起こりうる被害はどの程度でどのような対策や手段が有効なのか、手持ちの要員、資器材はどの程度あるか、足りなければどう確保するかなど発生するであろう事態と対応策、そして終息までの過程をイメージして、その間に必要な事柄を考えてみることができるかどうかということである。

そうすることにより、初動の段階において持てる資源を全面投入し

て初期段階で勝負するのか、長くなりそうだと見て、長期戦に備えるのかの判断もつきやすくなる。一方、こうした判断においては、それぞれの資源配分の結果得られる成果と失う損失の双方を比較衡量して判断することになるが、そこには判断者、すなわち事態対処の現場におけるそれぞれの指揮官の考えが色濃く出る場面であり、それぞれの指揮官の経験、性格、国家観が現れる場面でもある。

ウ 冗長性の活用

危機への対応のオペレーションにおいて忘れてならないのは、冗長性ということである。いわば余力ということであり、危機に際して常に突発事態に備える体制である。緊急事態にあっては、通常の業務と異なり常に思わぬ突発事態が発生することが多い。

こうした突発事態に対応するためには、あらかじめ何が起こるか分からないまま、これに対応できる予備要員、予備資源を確保しておき、何時でもこれに対応できる体制が重要である。当面対処すべき事態はこれこれであると判断して手持ちの人的物的資源をほとんど投入してしまった後に、より重要、重大な事象が発生し手、これに対応すべき人的、物的資源がないということはよく起きることであるからである。

■例　予備部隊

重大な緊急事態が発生した場合に、事前に計画された最大限の資源を投入して全力で事態対処に当たることは当然としても、それは、すべての資源を眼前の今発生している事象の対処のためにつぎ込むこととは異なる。

緊急事態においては、次にどんな重大事態が起こるかは分からないと考えるべきであり、そうした事態が発生したときのための予備部隊は常に必要と言える。にもかかわらず、発生する事象に次々と資源を

投入して行き、手持ちの資源がなくなった後に、新たな重大事態が発生し、現場で事態対応に当たっている要員、資器材を現場から転用してこれに対処するといった事態もよく見受けられる。これは、時間的な対応の遅れや、現場対処の放棄といった事態を生むこととなるが、予備部隊をどの程度の規模確保すべきで、いつ予備部隊の発動を行うのかは、まさに事態対処に当たる指揮官の判断によるべきものである。

また、最後まで虎の子の予備部隊を使わないうちに事態が終息し、結果として予備部隊を使わなかったことが、事態の深刻化を招くことになったと後で批判されることもありうることである。これも、指揮官の価値観や経験、性格により異なるものであり、指揮官の判断する役割は大きい。

③ 国民の理解
ア 優先順位の決定と国民の反応

クライシスマネジメントの優先順位が決まることは、一方で優先順位において劣後となった人々若しくはその利害関係者からの不満が確実に出てくることでもある。優先順位の決定は、必ず不満を招くと言ってもよい。とは言え、優先順位を決めないままでの危機対応は、後に述べるようにより深刻な結果を招くこととなる。

イ 国民の理解の重要性

このため、なぜこうした優先順位で対応を行っているかの説明が重要となる。政策担当者の決定が国民の共有する理念に基づいて行われている場合は、一部の不満は残るとしても国民の大方の理解は得られるのであり、この理解こそが一部の不満を抱く人々にもある程度の理解と諦めも促すこととなる。

一方、国民の理解のないまま決定を行い、説明もなくこれを実行しようとすると国民からの大きな不信を招くことにつながりかねない。

2 クライシスマネジメントの根底となる考え方

■例　強毒性の鳥インフルエンザの予防接種

　強毒性の鳥インフルエンザH5N1がヒトからヒトへと感染して世界的に大流行してパンデミックとなった場合に備えて、現在我が国では、パンデミックとなったウイルスから短期間のうちにワクチンを製造する体制を整えつつある。

　現在のワクチン製造体制では、ウイルスから全国民分のワクチンを製造するのに最低でも一年半かかる予定であり、これでは、ワクチンが国民すべてに接種し終えるまでには多くの国民が感染してしまうこととなり、短期間のうち（6ヶ月以内）には全国民分のワクチンを製造できるようにしようというものである。

　しかし、それでも6ヶ月はかかるため、誰から先にワクチンを接種していくかの問題は残る。特に、強毒性であるため、感染者のうち相当の人々が死亡することも予想され（現在の鳥からヒトへの感染では、実に感染者の約六割の人々が死亡している。ただし、ヒトからヒトへの感染が始まった場合における感染者の致死率は、そこまでは高くないことが予想されている。）、誰もが、自分に先に接種してほしいと考えることが想定される場面である。

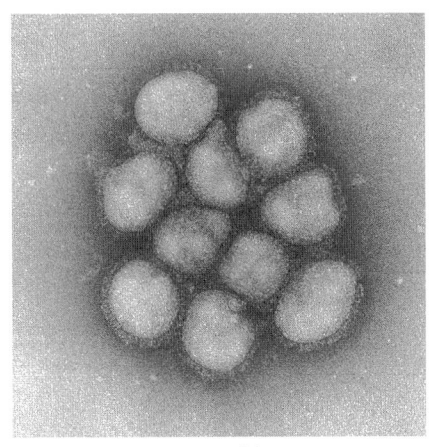

インフルエンザウイルス
（厚生労働省提供）

筆者がある組織のOBを中心とした会合で、「こうした場合には、誰を優先して接種すべきか。それは、通常、感染した場合の致死率が高いあなた方老人からか、それとも致死率は低くとも将来のある幼児、青少年からか」と問うたところ、全員が『幼児、青少年から』と答えたことが印象的であった。

　万が一強毒性の鳥インフルエンザがパンデミックとなった場合は、「将来の我が国を担う幼児、青少年から先にワクチンを接種する」と説明することで国民の理解は得られるものと思われる。もちろん、実際に発生した場合は、当該パンデミックの特性をよく研究、把握して順位を決定することとなるのは言うまでもないが、要は、よく説明して国民の理解を得ることが重要ということである。

ウ　マスコミの理解の重要性

　クライシスマネジメントの方針や優先順位の決定は、一方で、危機により被害を受けたり、あるいは受ける可能性のある人々の不満や不安を生む結果となっているが、マスコミが通常の平時のようにこうした一部の不満層にスポットを当てた報道をすることは、クライシスマネジメントにおいて大きな障碍となることが考えられる。

　このため、政府としては、なぜこのような方針や優先順位で危機対応に当たっているのかを、いつもより懇切丁寧に説明することが必要となる。

　マスコミ側もクライシスマネジメントの考えを理解することにより、国民、国家の危機における国論の分裂をあえて行うことは少ないものと考えられる。

④　政府としての明確な意思表示
ア　クライシスコミュニケーションとしての説明責任

　政府は、政府の方針を定めた後は、既に述べたクライシスコミュニ

ケーションとして、現在の危機がどういう危機であり、どういう考えで何を優先して対処していくのかを明確に意思表示することが重要となる。危機に当たっての政府の説明責任であり、国民と理解を共通にし、共に危機に対応していく上でも必要となる。

イ　政府から国民へのメッセージの発出

国家の危機への対応は、国民の協力なくしては達成不能であり、国民とともにこの危機を乗り切ろうという政府と国民が一体となったメッセージを発することにより、共同体としての意識の醸成を図ることも重要なことである。クライシスマネジメントのための活動が国民各層の生活に大きな影響を与える場合は、政府の施策への支持を得る上でも特にこの点が重要な活動となる。

ウ　被災者や優先されなかった人々への援助

危機により被災した人々や今後被害を受けるであろう人々、また、クライシスマネジメントの活動の中で優先されなかった人々への国民の理解と援助を求めていくことも忘れてはならない。

加えて、危機対処の活動中に被災した人々に対する援助と賞賛もまたクライシスマネジメントを行う上で極めて重要な事柄である。

(4) 判断の裏付けとなる国家観、歴史観

① 国家観や歴史観はなぜ必要か

これまでも述べてきたように、クライシスマネジメントを行う上で、まず何を守っていくべきかの価値基準が決まって初めて資源活用の優先順位が決まることとなる。クライシスマネジメントにおいては、価値基準に基づく優先順位の決定なしに事態に対処していくことは、ただ眼前の事象に発生順にひたすらに対応して行く結果、結果的には、些細な事象にも人的、物的資源をつぎ込むこととなり、事態全体に対

応できないことが生ずる。発生した危機の規模が小さい場合は何とかなるとしても、重大かつ大規模な事態に対しては対応不能となることが多い。

また、優先順位を定めぬ対応は、基本的には眼前の事象から発生順に順次対応するという場当たり的な対応となることに加えて、救済を求める声の大きい方に反応して対応しようとする傾向にもつながり、全体的に見れば極めて不適切な対応となってくる場合が多い。

これを避けるためには、国家の危機管理担当責任者、とりわけ政策決定者は、自分自身の国家観に基づき、優先順位の決定をはじめ、様々な対応策や政策の判断をクライシスマネジメントの目標である事態収束時のイメージを描きながら決定していく必要がある。正に、政策決定者の国家観が問われることとなる。

国家のクライシスマネジメントを考える場合、自分の国はどういう国であるべきなのか、国民は何を大切な価値と考えているのか、国民統合の根本理念は何かに思いをめぐらし、というよりも、日頃から当該政策決定者が抱いている政策理念の裏付けとなっている国家観や歴史観に基づき瞬時に決断を下していくことが重要となってくる。

こうした国家観や歴史観の裏づけのない政策決定者の場合、発生した危機的事象に対応するための多種多様かつ膨大な政策決定に当たり、採るべき政策の選択肢の中から一つひとつ最適な選択肢を吟味しながら選択するという、全体像の見えない決定を行う結果となりかねない。それは、統一感のない、場当たり的で、かつ対応が遅く、何を行おうとしているのか国民の目からは見えにくい危機対応となり、政府の危機管理に対する信頼を得ることも困難となるのである。

我が国の場合、近年、大衆政治を土台として政治を行う政治家にあっては、国の歴史、伝統、文化、民族性を踏まえた歴史観に基づく国家観を持って目標を示し、これに基づいて政策又は手段の決定を行う政治家は少なくなっていると言える。これまでに例示した様々なクライ

シスマネジメントの失敗事例も、基本的には、こうした事情が背景にあると考えても過言ではない。

国家の危機管理における政策決定に当たっては、国家観が重要であることを述べたが、国家観を考えるに当たっては、そもそも国家とは何かを考えておかねばならない。

ア　国家とは何か

通常、国家を考える場合、国家を構成する要素として、領域（国土）、人民（国民）、権力（統治権＝主権）が挙げられるが、中でも国家の権力は、対外的にも対内的にも排他的に行使されるものであり、その目的も、国民の安全、福祉、平穏な生活の維持や経済的な活動の保障などを目的として行使されるものである。

国家は、国家を統一的に統治するための法律を制定、施行するとともに、国民の安全や平穏な生活を守るため、軍隊、警察などの実力部隊を独占的に保有する。

また、国民のほうも、国家のあり方や形態により異なるところはあるが、一定の範囲内で、国政に参加する権利、国民生活を平穏に営む権利や国家の干渉を排除できる権利とともに、国家の目的達成のための活動に貢献すべき義務を有する一方、法律の制定、施行及び行政、司法、警察、軍事等の専門家として国家の運営に参加することができる。

国家の権力の具体的な行使のあり方や国家と国民のあり方、国民の参加のあり方は、当該国家の成り立ち、歴史、文化、国民性などにより様々である。

イ　国家の果たすべき役割

基本的に国民の生命、身体及び財産の安全を守ることができるのは自らを除けば国家しかない以上、国家の危機が発生した場合、すなわ

ち国民の生命、身体又は財産の安全に重大な危機が生じた場合には、国家は最大限の努力により、その危険の除去、国民の救済、被害拡大の防止に当たらなければならない。

また、国家はそのためのコストや人的資源の投入に限界を設けないため、危機から守るべき価値より危機対応のために投入されたコストの方が大きくなることもたびたび見受けられるが、これは、その後の危機の抑止、国民の国家に対する信頼、国民の安心感、ガバナンスの維持、国家としての統一感の醸成のためには、むしろ当然必要なコストでもある。

ウ　国家の消滅

国家にとっての最大の危機は、国家の消滅であるが、それは、以後国民が安全で平穏な生活を送る保障も頼るべきものもないことを意味する。

国家の消滅は、通常、戦争の結果による他の国家による占領、併合、また、内部分裂による国家の崩壊による場合が多い。いずれも、国家の危機管理に究極的に失敗した結果であり、国家の危機管理を考える場合、最もあってはならない形態ということができる。

稀に平和的合邦もあるが、これは国家の危機を原因とするものではないことが多いため、本稿では論じない。

エ　国家と国家の間における危機

国家と国家が互いにその国家的利益や主権を主張し、激しく対立することは、通常発生することである。

この場合、双方の国家が主張しているものは、国家存立の基盤であるところの国家の主権又は領土の維持や、構成要素の一つである国民の安全と福祉を維持或いは増進するための国家的利益の追求であるため（場合によっては国家、国民の存在基盤である宗教的主張のことも

あり得る)、最大限のコストを払ってでもその主張を通そうとすることが考えられ、その主張が双方強くぶつかり合うとき、抜き差しならぬ状況に立ち至る。

このため、対立や紛争の平和的解決が困難な場合、戦争という手段に訴えてでも自らの主張を通そうとすることも、国家間の関係においては通常のことでもある。

こうした意味において、国家間の戦争は、互いにその国家の存立基盤に係わる争いであるため、互いに譲歩し難いものであり、国家の危機の中でも最大の危機の一つであるといっても過言でない。

このため、国家は、周辺の国際環境に応じて、戦争抑止のために、危機管理に必要なコストの中でも最大限のコストをかけるのが通常であり、これは我が国でも例外ではない。

② 国家と国民のあり方
ア 危機に際し国民が政府に求めるもの

国家の危機に際し、国家が最大限の努力を払って国民の安全を守るべきことは既に述べたが、国民が政府に求めるものも正にそのことであり、このため、クライシスマネジメントに当たる政府担当者の対応振りは常に注目、監視され、批判され、事後においても検証され、また政治的反対勢力の攻撃の標的となる。いわば、危機にあっては、「政府は危機に際し最善を尽くしたか」が常に問われているのであり、国民が政府に求めるものもこの一点に尽きるといっても過言ではない。

イ 危機に際し国家が国民に求めるもの

一方、危機にあっては、国民も、危機により被害を受ける存在であったり、国家から守ってもらう存在だけではあり得ない。国家の危機に対応する職業的専門家として危機対応に従事する国民が存在することは勿論だとしても、一般の国民も、国家の危機に際しては、その構成

要素の一員として、危機を除去し、回避し、被害を軽減し、拡大を防止するための活動を行うことが求められるし、最低でもこうした活動の障碍とならない行動をとることは求められる。

「一旦緩急あれば義勇公に奉じ」、それぞれの立場で同胞を守るために力を尽くすという精神は、どの国家においても国民に求められることなのである。

この場合、危機に立ち向かい自らの生命も落とすという場面も、危機が深刻な場合であればあるほど出てくる。また、事態が深刻で生命の危険も考えられる状況下において、職業的専門家のみならず一般国民に対し、これに立ち向かうため危機対応に従事するよう国家が求める場合も当然出てくる。

ウ　国民の権利と義務

危機に際しての国家と国民の関係については、平時とは異なる関係が出てくることが多い。国家の危機発生時においては、平時において国民が享受していた様々な権利も大きく制限され、一方、普段は義務でないことが義務となることとなる。

危機発生時には、危機の除去、回避、被害拡大防止と国民の安全が何より求められるのであり、こうした目的を遂行する上で障碍となる様々な国民の活動やこれを裏付ける国民の法律上の権利は、一定度制限されなければ、危機対応のための活動が達成できないことが多いからである。

また、危機発生時における国民の義務についても平時とは変化することとなる。当然、平時とは異なり、危機対応のための活動に協力することや、要請に応じること、あるいは必要に応じて危機対応のための活動に従事することが求められる。また、増税に応じるなどの経済的な義務も求められよう。

こうした法律上の義務ばかりでなく、国民としての道義的な義務に

基づく活動も多く求められる。危機に際し、同胞を守るためにそれぞれの立場で力を尽くすという精神は、法律上の義務というよりむしろ国民としての道義的な意識に負うところが多いからである。

このため、通常は、危機の発生時にはこうした国民の権利の制限や一定の行為の義務化が行われることを、あらかじめ法律により規定していることが多いが、危機の態様は不定形であり、実際に危機が発生してからでないと問題の所在が明らかとならない場合も多く、この場合は、危機が発生してから、必要な権利の制限を内容とする立法が行われることも多い。

また、既に述べたように憲法において、あらかじめ政府が、立法という回りくどい手続きを経ることなく、一定の法律に代わる命令を発出し、国民の権利の制限や一定の行為の義務化ができるように定めている場合もある。

エ　国による国家、国民のあり方の違い

国家と国民のあり方も国によってその様相は異なる。これは、その国家にとって危機がどれほど身近に感じられているかや、その国の歴史、文化により異なるものである。

国家の最大の危機の一つである戦争に対する国民のあり方についても、平時から兵役を義務化する国もあれば、志願制の国もある。しかし、実際に戦争が発生し、国家の存亡にかかるような場合は、いずれも平時のありようとは状況は異なってくる。

ただ、本稿で論じる民主主義の国家にあっては、かつての貴族の私兵や傭兵により戦争を行っていた時代の国家とは異なり、国民軍が構成されており、基本的な考え方は、危機に際しての国家と国民のあり方に大きな差はない。しかし、具体的な場面においては、国家と国民のあり方もそれぞれの国の歴史や当該国の政策決定者の国家観により異なる場合がある。

> **事例11◆「国家と国民のあり方」の国による違い**
>
> 　筆者がかつて警察庁で交番や駐在所制度を所掌する外勤課長として勤務していたころ、我が国の警察庁主催でアジア地域の警察関係者を招聘して「アジア地域外勤セミナー」と称する地域における警察活動のあり方についてのセミナーを開催したことがあった。
> 　その際、我が国の交番制度や駐在所制度を紹介し、地域の中に溶け込んで地域住民の安全のために活動する地域警察活動の重要性を説明していたところ、シンガポールなどはこうした制度を積極的に取り入れていきたいとの話であったが、インドの警察関係者が言うには「我が国においては、警察署から遠く離れた地方に警察官一人だけで家族とともに勤務するという駐在所制度はまったく考えられない。そのようなものを作ればたちまち住民から襲撃されるところが出てくることになるだろう」との話であった。
> 　国家組織、特に警察というものが、国家が国民を支配、統治するための抑圧的な機関なのか、それとも国民のために国民の安全を守るための機関なのかの違いによって駐在所制度が成り立つかどうかが決まるということであり、これはまた、国における国家と国民との関係においても、さらに国の歴史や文化によっても大きな違いがあると痛感させられるものであった。

オ　国家観、歴史観による違い

　それぞれの国家における国家と国民のあり方については、それぞれの国の歴史や文化に基づくものに加えて、当該危機管理に当たる政策決定者の国家観や歴史観、また、国と国民の関係に対する考え方の違いも、危機の対応に際して当該国家が国民に求めるものの違いとなって現れる。
　例えば、危機に際しての国民の権利のあり方をより制限して政府の合目的的な活動を優先して考えるのか、あるいは、危機対応の活動に

相当の支障が出ようとも国民の権利の制限となることはできるだけ少なくしようと考えるのかは、正に当該政策決定者又は政策決定者の支持基盤である政党等の国家観或いはこれを形作った歴史観により大きく違いが出る。

また、危機に際し、国家の権限をより中央集権的に一元化し、中央政府の力を強める方向で考えるのか、あるいは、より地方分権的に地方に権限を委ねて現場に近いところで決定を行わせるかの判断も当該政策決定者の国家観、歴史観によるところが大きい。

民主主義の国家と言えども、より中央集権的な国家を目指すのか、より分権的な国家を目指すのかの考えの違いや国家と国民の関係において、国家のガバナンスに力点を置くのか、より人権に力点を置くのかの違いは、危機の対応においても具体的な対応策の違いとなって現れる。

③ 我が国はどういう国か
ア 我が国の歴史における危機への対応

ここで少し我が国における歴史を顧みつつ、これまでの我が国が行ってきた危機管理の状況について考えてみたい。

我が国の歴史においては、国家の危機に際しての国家と国民のあり方として、豪族や貴族の私兵や家の子、郎党が国家の危機に対応した例（**事例12、事例13**）がないわけではないが、古くは、白村江における戦いの敗北後の防人制度に見られるように、国民軍としての軍隊が国防の任に当たっており、世界の歴史の中でも古くから、国民が国家の危機に対応するという歴史がある。これは「万葉集」の防人の歌にも見られるように、国民の文化としても受け継がれてきている。

事例12◆刀伊の侵攻時の対応

　寛仁3年（1019年）、満州民族の前身であった女真族と見られる刀伊が、対馬、壱岐、北部九州に侵攻してきた際、太宰権帥藤原隆家は、九州の豪族や武士を率いてこれと戦い撃退することができた。当時、奈良時代以前に成立していた防人の制は、外的の脅威が減少していたため既に行われておらず、突然の外敵の侵攻に対し、九州地区の国の出先機関であった大宰府では、九州地区の豪族、武士の力により対応するよりなかったが、進行してきた外敵の人数が少なかった（約3,000人と言われる）こともあり、何とか撃退することができた。

事例13◆元寇時の対応

　文永11年（1274年）10月から11月にかけての元軍の来寇（文永の役）及び弘安4年（1281年）5月から閏7月にかけての二度目の元軍の来寇（弘安の役）に際しては、鎌倉幕府の下命の下、九州地方の御家人、九州に所領を持つ御家人をはじめ西国の御家人等の武士階級が防戦に当たり、撃退することができた。

　中でも、弘安の役においては、元軍は、元南宋の兵を中心とする江南軍10万と高麗軍4万からなる合計14万の大軍であったが、文永の役の教訓も得て再度の来寇にあらかじめ備えていたことや、当時、武家政権でもあり、我が国が武力の充実していた時期であったため、台風の襲来もあり、これを北九州地域でくい止めることができた。

蒙古襲来絵詞

イ　我が国の近代の歴史における国家と国民の姿

　近代国家成立後の明治期以降においては、それ以前の武士の時代と比べれば、我が国の危機に対応する国民の役割も大きく変わった。

　それまでの武家七百年の政治から、王制復古の思想と共に、国民皆兵によるいわゆる富国強兵政策が採用され、当時の帝国主義の政策を採る西欧諸国からの侵略を防ぐという強い危機感の下、それまで武士の役割であった兵役が国民男子すべての義務となり、再び律令時代の防人制度に続く国民軍の創設がなされることになった。これは、昭和20年（1945年）の終戦まで続いた。

　終戦に伴う連合国の占領後は、軍隊の廃止、新憲法による戦争の放棄と続いたが、昭和25年（1950年）の朝鮮戦争の勃発とともに現在の自衛隊の前身である警察予備隊が発足し、志願制による国防体制が出来上がることとなった。

　イデオロギー的、政治的には様々な意見はあるものの、我が国が、古来より、国家の危急時には、国民すべてが「義勇公に奉じる」との伝統的文化観が存在していることは事実であろう。これは、我が国独特の文化観でもなく、世界各国にも普通によく見られるところである。

ウ　歴史を踏まえた我が国のあるべき姿

　今後の我が国における危機発生時の国家と国民のあり方については、発生した危機の態様や深刻度に応じ異なってくるのは当然であるとしても、国民共通の理解の下にそのあり方は議論されるべきものであり、我が国が過去たどってきた歴史や、そのときの先人たちの考え方や思いといったことを理解しつつ、国民共通の文化観や理念を土台に議論はなされるべきものと考える。

　しかし、現実の危機の対応に当たって、何を優先して危機の対応に当たるかについては、政策決定者をはじめ政府の危機管理の担当者の考えが大きく反映されるものであり、これまで述べたとおり当該政府

あるいは政策決定者の、国家とは何か、国家の危機にあって何を第一に考えるべきかの思想こそが危機の優先順位を決めていく根底にくることとなる。

いわば、国家とは何か、危機の発生に際して国家と国民はどうあるべきかの問題をどう考えるかは、政策決定者の国家観、歴史観によって大きく変わるものであり、それが大方の国民の国家観や歴史観と大きく外れているものでなければ、危機の対応方針も国民感情から大きく外れたものとなることは少ないが、これが大きく違う場合は国民の共感や協力を得ることは困難となる。

一番問題なのは、国家観や歴史観もなく、ただ眼前の危機に場当たり的に対応するという場合であり、国民の考え方に幅があるとしても、いずれの考えの国民の共感をも得ることもできなければ、結果的に危機対応に成功することも少ないのである。

結論的に言えば、危機管理に当たる為政者は、我が国の歴史、文化をよく踏まえた上で、政策決定に当たるべきであり、そのことこそが、国民の理念と共通する政策を生み出すことであり、危機の対応に当たっても、国民の理解を得られる政策となるのである。

④　公と私のあり方
　ア　私にとっての公とは何か

国家の危機に当たって、国民がその危機を除去し、回避し、拡大を防止するためにどの程度かかわる必要があるかは、その危機の性質や態様によって異なるのは当然であるが、一方、個人の側から見れば、自分がどこまで国家の危機に尽くすべきと考えるかは、当該個人が「公と私」をどう考えているかによって大きく異なる。

この違いは、当該個人がどこまでこの問題を真剣に意識したことがあるかによって大きく違いが出るものであり、これは、当該個人の育った環境、時代、教育等によってこれを意識する機会が多いかどうか、

また、どのように育てられたかでもある。

　国民が国家という共同体の中で生きていく以上、国家の危機にどうかかわるかは、国の違いによるものは本来少ないはずであるが、現実の国民の意識にはそれぞれの国により大きな違いが出てくる場合がある。

　現実にこうした違いの中で、実際に危機が発生した場合、国民の対応は具体的な行動の違いとなって現れ、例えば、自然災害などが発生した場合においても、被災者同士が自然発生的にお互いを助け合うという国民とこれを機に極端な場合は略奪に走るという国民の違いとなって現れる。

事例14◆東日本大震災とハイチ地震

　東日本大震災の発生に際し、我が国の広範囲で大きな被害が発生し、極めて多数の被災した人々が、避難所等での生活を余儀なくさせられた。被災した人々は、黙々と互いに助け合い、配給物資も整然と順番を作って並んで受け取り、文句も言わずに足りない物資を分け合って避難生活を送った態度が世界中から賞賛を受けた。

　我が国においては困ったときには互いに助け合うという精神があり、それが実際の場面においても出た結果であるが、2010年1月にハイチで大地震が発生した際には、ハイチ政府の緊急災害対策が十分行われなかったということもあり、住民の間で暴動が発生し、略奪や物資の奪い合いなど震災による被害に加えて住民間の争いにより更なる被害が発生した。

　両国の歴史、文化、国民性や民度の違いであると言えばそれまでであるが、公と私という位置づけを日頃からどのように両国の国民が意識しているかの違いであるとも言える。

イ 共同体の中の個人

公と私という問題は、個人の側から見れば、当該個人が育った環境、とりわけ国家と国民との関係においては、どういう国家で育ったかに大きく影響を受ける面があると考えられる。極端に言えば、政府や為政者が、国民は国家によって保護されるべきものと考えているのか、又は、国民は支配されるべき対象だと考えているのかによって、その国家の危機に際し国民がどう振舞うかの判断も異なるということでもある。

しかし、一方、個人と身近な共同体との関係においては、その状況も違ってくる。政府や為政者と国民とが、支配し支配される関係にある国家ほど、むしろ、個人が身近な共同体により依存し、これに対する貢献意識も強いことが多い。

ウ 家族と個人

家族の役割や、家族に対する個人の役割は、誰もが自覚する最初の共同体意識であり、国家や歴史、文化の違いによる大きな違いはない。こうした原始的共同体意識を、国家といういわば現代の社会における最終的な共同体においても、「公と私」という関係で身近に意識できるかは、正にその国の歴史と文化及びそれに培われた国民性にかかっていると言える。いわば、その国家の民度ともいうべき国家の文化度、成熟性とも関係する事柄でもある。

⑤ 自助、共助、公助
ア 危機に際してのそれぞれの役割

国家の危機が発生した場合に、危機に対応すべき国の機関、地方自治体は、最善を尽くして危機の除去、危機の回避、被災者の救済、被害拡大の防止のための活動に当たることとなるが、一方、被災者や被災地域の住民、また、他の地域の国民にあっても被災者の救済や被害

拡大の防止のための活動に従事することは大いに期待されることである。

また、危機の発生に際し、危機に直面した個人が自ら危機を回避し、近隣の人々の危機を救い、被災した場合であっても自らを助ける行動をとることは、危機による被害を軽減し公助の負担を減らす意味でも大いに求められることである。

イ　自助の必要性

危機の発生が予見されるときに、これに各人が備えることは当然のことではあるが、現実には、予見はされても実際にはいつ発生するか分からぬ危機に備えることは、なかなか実行されにくいのが実情である。

30年以内に80パーセントの確立で大地震がくるとか、過去数十年おきに大津波がきていると言われても、実際に常日頃からこれに備えた体制を常時取っておくことは、現実にはなかなかなされていない。

しかし、現実の被害は、最も被害を受けそうなところ、いわば最も脆弱なところに発生しているのである。このため、例えば、危機に備えて危険な場所や建物に住まない、危機が発生した際の対策を取っている、生活の場面に応じて避難の方法を常に考えている、様々な備蓄を行っているなどの準備を行うことで地震や津波などの被害は大きく減少するのであり、自助の重要性、必要性は言い過ぎるということはない。

> **事例15◆釜石の小中学生の自助行動**
>
> 　東北地方太平洋沖地震の発生直後、宮城県釜石市の小中学生がどのような行動を取ったかは、今後大いに参考にすべき事柄であると考える。
> 　宮城県釜石市では、震災前、群馬大学の片田敏孝教授を招いて防災教育、特に、津波に際しての教育を全小中学校において実施していた。とりわけ、片田教授が、津波警報や避難勧告が発令されても避難しないことが常態化していた津波常襲地域の釜石市において、子供たちに「想定にとらわれるな」「最善を尽くせ」及び「率先避難者たれ」の三つの原則をキーワードに、津波に際して、それまでの想定にとらわれることなく、たいしたことはないだろうと考える大人達に率先して、避難できるところまで最善を尽くして避難するという精神を教え込んだ功績は特筆に価する。
> 　こうした教育の結果、ごく僅かの例外的な犠牲を出しただけで、ほとんどの小中学生は率先して避難し、これとともに大勢の大人たちもこれに引きずられるように避難し助かる人も多かったという。「釜石の奇跡」とも呼ばれ、再び大津波が襲来することが予想される我が国にあっては、全国で手本にすべき教育である。

ウ　個人がやれることを考える

　危機には様々なものが考えられ、そのすべてに備えることは困難であると考えられがちであるが、個人の自助においてはやるべきことの種類は、それほど多くはない。

　危機の発生に際して個人としてやれることは、基本的には、まず、危険に近づかないことをはじめ危険を全力で回避することと、危機の発生により電気、水道、ガス、通信手段等の生活インフラが機能しなくなる中や食料の入手が困難な中で生活する能力をつけるということである。

　危機の態様により危機を回避する方法も多様であるが、要は、危険に近づかない、危機が発生したときに死なない、怪我をしない、罹患

しないということと、インフラが回復するまでの何日間は、備蓄やあらかじめ備えた方法により生存し続けるということであろう。

　もちろん、そのためには、転居、建物の補強、備蓄などの努力が必要である。高齢者の世帯では、これが困難な場合も多いことが危惧されるが、経済的に余裕がない場合でも、できるだけその努力はするべきなのである。

事例16◆阪神・淡路大震災における若者の犠牲者

　阪神・淡路大震災が発生した際、大勢の方が建物等の倒壊の下敷きになって死亡するという痛ましい結果となったが、犠牲となった人々の年齢分布をみてみると、全体の傾向としては高齢者ほど死者数が多くなっている。これは、倒壊した家屋を見ると建築年数の古い老朽化した建物の方が倒壊する割合が高く、こうした古い家屋に居住していた人々の数も高齢者のほうが多かったからであったり、加えて高齢者はとっさの避難ができなかったからであると指摘されている。

　こうした年齢分布は、高齢になるほど死者数が多くなるというなだらかな曲線を描いているものの、唯一、二十歳代前半の年齢層だけがその前後の年齢層よりも死者数が多くなっている。二十歳台前半の多くは、学生や独身者等が多く、こうした人々の死者数が多かった原因は、こうした学生、独身者が老朽化したいわゆる安アパートに居住していたからではないかと指摘されている。

　震災の危険を考えると、老朽化した建物や耐震性の弱いと見られる建物に居住する事は、まず避けるべきことであり、少々利便性や経済性を犠牲にしても、丈夫な建物に居住することの重要性を教えられる事実といえる。

　どこのどんな建物に居住するかは、まさに自助の第一歩とも言えるのである。

　　　（参照『間違いだらけの地震対策』、目黒公郎、2007年10月）

エ　共助の役割

　危機発生時における自助の役割に加え、高齢者や要支援者、被災者など自助だけでは当面の生活も困難な人々を、地域や親類をはじめ周辺の人々が支えていくことは極めて重要なことである。事案発生直後は、特に大規模事案の場合は、公の手助けが直ちには届かない場合も多く、周辺の人々による共助の重要性はどれほど強調しても強調しすぎることはない。

　近年、近代社会における地域の、特に都市部における共同体意識の希薄化が進んでいることが指摘されているが、危機発生時にどれだけ共助の精神で国民が互いに助け合うことができるかどうかは、それぞれの国の歴史、伝統、文化や民族性に負うところが大きく、危機が深刻度を増せば増すほど、公助による支援が期待しにくい中、共助の役割が大きくなってくるとは言え、それぞれの国により、共助の役割の占める位置も異なってくる。

　東日本大震災に際して、被災者相互の共助により、整然と乏しい支援物資を分け合う姿が世界の賞賛を受けた我が国の場合と、同じ地震の被害を受けても、支援物資の奪い合いを暴力的に行ったり、被災した商店から商品を略奪する被災者の姿が被災後の被害を更に拡大している国の場合とでは、共助に期待するものも異なって来ざるを得ない。

オ　地域共同体の役割

　我が国においても、近年、地域共同体の力が都市部を中心に減退してきていることは、他国と同様であるが、既に述べたように危機の発生時における地域共同体の役割は大きく、都市部においても、危機発生に備えて地域共同体ごとの訓練や共助のあり方をより真剣に考えていくことは重要である。

　こうした活動を促進していくことは、主として地方自治体の役割で

あるが、こうした活動が充実したところにあっては、現実に危機が発生し、被害が発生した場合においても、地方自治体の公助の業務量の軽減、コストの軽減につながるものであり、その促進に力を入れることは、限られた公助の役割を増加させ、被害軽減のみならず地域共同体の再建という意味でも大いに意義あるものと言える。

カ　公助の役割

　危機の発生時における公助の役割は、全般にわたるが、その中でも自助、共助により代替できるものはできるだけ代替して行くという発想が重要である。

　公助で行うべきものは、公助でなければできないものにできるだけ限定して、限られた人的、物的資源をより緊急性の高い、あるいは代替性のないものに集中して行くべきである。

　近年、我が国において、何でも公にやってもらおうという風潮が一部垣間見られるが、危機にあっては、一人ひとりの国民が、自助と共助のために何ができるかを常日頃から考えるのも重要なことである。

事例17◆大規模地震時の公助の限界

　東北地方太平洋沖地震という巨大地震が発生した後の日本列島周辺は、今や地震の活動期に入ったと言われるようになったが、高い確率で首都直下の大地震や東海、東南海、南海沖の大地震など甚大な被害が予想される現在にあっては、これら大災害は、小規模な災害と異なり、自助、共助、公助の役割にも大きな変化があると考えなければならない。

　まず、公助にあっては、その資源には一定の限界があり、例えば、首都直下大地震等の大災害に際しては、各地で大勢の人々が建物の下敷きになったり、いたるところで火災が発生したりすることが予想されるも

のの、そのうちどの程度の現場に公的な機関の職員や資器材が投入できるかを考えてみれば、そこには大きな限界があることが分かる。

　まず、現在の消防、警察などの人員、装備を考えて見ても人員、資器材を投入できる現場は被災現場のうちのほんのわずかであろうし、また、道路の通行が困難となって救助のための部隊が近づけないということも多数発生するであろう。また、最初の一撃からは何とか助かったとしても、その後の生活のための、水、食料、医薬品等の生活必需物資も被害が大きければ大きいほど、公的な備蓄は、配分が困難になるとともにたちまち底をついてしまうことが予想される。自衛隊の派遣にしても、大部隊が到着するには相当な時間がかかる上、被災者の数が多くなればそもそも絶対数にも限界がある。

　公助を期待しても期待できない場面が多いと考えるべきであり、基本的には自らの命は自ら守るという自助の精神こそがそれぞれの命を守ることになる。言い換えれば、公助が一切期待できなくとも、当面は生き延びる方策をあらかじめ考えておくことが重要となる。

　こうした大規模災害においては、命を守るという観点からは、自助の役割が大半を占め、次いで共助、最後に公助がわずかに期待できると考えなくてはならない。

⑥　国と地方自治体のあり方
ア　国の役割と地方自治体の役割

　国家の危機が発生した際、その対応に当たるのは基本的には国の政府を中心とした組織であるが、地方自治体も重要な役割を果たすこととなる。

　国と地方がそれぞれどのような役割を果たすかについては、緊急事態の性質、態様、当該国家の歴史、憲法や法律に基づく国と地方の役割分担や当該危機の発生時の国の危機管理を担当する政策決定者の考えにより異なってくる。

イ　危機の性質による違い

　国と地方の危機対応の役割も、危機の性質により、専ら国が対応すべきものと国と地方が分担してその役割を果たしていくものとに分かれる。

　国が専ら対応すべきものとしては、国がその権限を独占している外交、国防及び国外の国家的権益に関する危機や、危機に際して政府に専らその選択手段があるものなどである（例1、例2、例3）。

　もちろん、この場合における地方自治体の果たすべき役割も決して少ないわけではないが、この場合も地方の役割は、あくまで補助的、若しくは国の判断に基づく政策の実行及び被害の軽減のための活動という役割であり、主体的に判断して対応を行うという性格のものではない。

　一方、自然災害や大規模事故、重大テロなど地域の住民を巻き込んだ形での被害の発生が見られる緊急事態にあっては、国と地方は協力しつつ、かつ、それぞれの場面で、それぞれが主体的に判断しつつ事態への対応を行うこととなる。この場合も、国と地方の役割のあり方については、当該国家の歴史的、政策的伝統によることが多いし、国の為政者の判断によることもある。

■例1　武力攻撃事態＝戦争

　国家に対する武力攻撃事態（戦争）が発生した場合においては、これに対処するのは専ら国であり、基本的に外交、国防の権限は、一元的に国に集中されていることが普通である。地方自治体は、戦争に伴う様々な被害防止のための避難や後方支援を行うことが期待され、戦争の指導や外交は国によって一元的に行われる。

■例2　国外の邦人保護（戦乱、紛争等）

　外国における戦乱や国内紛争により、当該外国にいる邦人の安全に危機が迫った場合、その安全を確保したり、そのための情報提供や安

全支援を行うのは、専ら外交をつかさどる国の役割である。地方は、国から情報を収集して、外国在住者の家族等からの問い合わせに答える程度しか役割はない。

■例3　外国における国家権益攻撃を人質とした政府への要求事案
　外国における邦人人質事案や国家権益に対する攻撃を示唆しての国に対する要求事案も、対応するのは専ら国である。外交問題でもあり、要求に対する判断もより高度の国家的観点からなされるため、地方が行うべきことは少ない。ただ、外国における邦人に対する行為が刑法の国外犯の規定に該当する場合、関連する都道府県警察が捜査を開始することとなる。

ウ　地方分権と中央集権
　国家のあり方として、中央集権的な国家なのか、地方分権的な国家なのかにより、危機の対応も異なってくる。
　こうした違いにより、危機発生時の国と地方のそれぞれの役割もそれぞれの国によって違ってくることとなるが、危機の態様ごとに危機対応のあり方を考えていく場合、国家として常に最善のやり方を模索する中で、この点については常に意識しつつ考えていく必要がある。
　この場合の考え方のポイントとしては、国家及び地方政府それぞれの情報面における基本的知識の有無、情報集約、指揮、命令の効率性、現場対応面における指揮、運用の効率性、住民との密接度等であるが、これは事態の性質のみならず、当該国家の成り立ちや歴史、それまでの伝統的やり方、事態の規模、当該地方自治体の能力などにより個々に異なるものであり、観念的な効率性、合理性のみで判断されるものではない。実際に、危機に際し機能するかどうかという現実に即して考えなければならないものである。

2 クライシスマネジメントの根底となる考え方

事例18◆口蹄疫発生時の国と県のあり方

　口蹄疫が発生した場合、この感染拡大防止のための様々な措置は、原則として都道府県が主体となって行い、国は財政面や技術面での支援や情報提供を行うことが法律上の構造となっているが、現に感染が拡大し都道府県の範囲を超えて対応しなければならない場面や都道府県の対応では十分でない事態もあり得る。この場合、国は、都道府県に対し全体的な指揮や指示を行う必要があるものの、現行の家畜感染予防法では、そうした権限は、限定的にしか国に与えられていない。

　実際、宮崎県で平成22年に口蹄疫が発生した場合は、県の対応が不十分であったにもかかわらず、国は、県に対し具体的な指示や指揮を限定的にしか行うことができなかった。

　このため、同年、口蹄疫の事態進行中に急遽成立させた、平成22年発生の口蹄疫対策に限った特別法では、農林水産大臣に対して、知事に対する一定の条件下での指示権と、知事がこれに従わない場合の代執行権を賦与することとした。その結果、宮崎県も農林水産大臣の意向に沿った対応を行うようになり、事態は終息に向かった。

　国の緊急事態において、国が責任を持って事態の対処に当たるという法制は、危機管理においては極めて重要な事柄である。

(参考) 口蹄疫対策特別措置法（平成22年）
第8条第2項　農林水産大臣は、都道府県知事が前項の指示に従わないときその他特に必要と認めるときは、(一部略) 措置を自ら実施することができる。
同条第3項　農林水産大臣は、(一部略) 都道府県知事が当該指示に従わないときであって、動物用生物学的製剤等の注射を用いない措置では口蹄疫のまん延を防止できないと認めるときは、家畜防疫官の当該注射を行わせることができる。

> **事例19◆東日本大震災時の県、市町村の役割**
>
> 　東日本大震災が発生した当時、直ちに災害対策基本法に基づく緊急災害対策本部が設置され、内閣総理大臣が本部長となって各省庁、都道府県や関係機関に対して指示権、調整権を有することとなった。同じく、都道府県知事にも市町村長に対する指示権、調整権に加え、市町村の事務代行も行えるようになった。とりわけ、津波の被害や原子力災害の影響により人的にも物理的にも行政機能をほとんど喪失した町村に対して、県が事務代行によりその業務を肩代わりすることが法では予定されていたが、実際には、こうした行為はまったくと言ってよいほど行われず、町村の機能がほとんど失われたまま、県による事務代行といった手助けも行われない自治体も現出した。
>
> 　これは、従前より、県においてこうした事態を想定した訓練が行われていないことや、県の行政自体が市町村の行政と異なり直接住民と接しての行政に不慣れであり、また、県の職員は、市町村の事務の内容をよく知らないなど、仮に、いきなり県の職員を市町村の事務の代行のために派遣しても、実際には十分な仕事はできないという側面があったためである。
>
> 　つまり、災害対策基本法の県の事務代理の規定は、そうした想定に基づく訓練が行われていない場合には、実際には機能しないということであるが、この規定は、緊急時のあり方としては理念として正しく、今後は、訓練の積み重ねにより、県と市町村の役割分担を明らかにしておくことが必要であろう。

(5)　クライシスマネジメントに当たっての価値観の共有

①　価値観共有のための努力

ア　国民的理解促進のための議論

政府が危機に対応しようとする場合、国民がその対応方針や、対応

策について支持することが重要であるが、危機への対応であるため、政府が通常の手段とは異なる緊急時の価値観に基づく手段により対応していることを国民に理解してもらうことが重要となる。

そのためには、現在発生している事態が、正に緊急事態であり、通常の手段では対応できない事態であることを国民によく説明し、理解してもらうことが必要である。このため、このまま、通常の手段や方法で対応することでは事態の収束は覚束ない上、被害も甚大なものとなりかねないことや、緊急の事態に即した尋常でない方法で対処する必要があること、また、事態の収拾や被害拡大の防止を優先して対応し、そのため一部の人々や事柄が後回しになることもあり得ることを国民に説明し、理解させることが必要となる。

正にクライシスコミュニケーションが重要となり、そのための情報提供や国民との議論が大事である。その結果、国民がすべて納得できないまでも、少なくとも政府の方針や対応策を理解し、政府が何をしようとしているかにつき賛成できないまでも反対行動はとらないことの国民的理解は必要である。政府の対応は、当然ながら監視され、後に検証され、後日、批判にさらされることはあるとしても、緊急事態への対応時において同時並行的に批判や反対行動が顕著になることは、国家的緊急事態においてはぜひとも避けなければならないからである。

国家の危機にあって、国民が団結して危機に対処することの重要性を国民とともに確認しあい、その対処方針や対応策は一時的に政府に委ねるという危機発生時における国家のガバナンスの重要性につき、国民とともに価値観を共有することは、国家的危機における政府及び国民の最低条件でもある。

そのため政府は、国民の合意形成のための努力を行わなければならないし、こうした国民的合意がなければ政府の危機への対策の理解が得られないこととなる。

クライシスコミュニケーションによる国民に対する説明の重要性は、価値観を共有することの重要性でもあるのである。

② 強いリーダーシップ

危機の発生に際してどのような危機が起きているのか、これに対して政府はどのように対処しようとしているのか、その対処方針は何かについて国民に説明するに当たり、リーダー自らが説明することは極めて重要なことである。国のリーダーが最終的に危機管理に責任を持つことを、国民に向かって自らの口で説明することは、リーダーの責任を取る覚悟と姿勢を国民に示すことである。

危機にあっては、国民はその対処方針や対応方法を政府に委ねる以外にない以上、リーダーがしっかりとやってくれるというリーダーに対する信頼が何よりも重要であり、その信頼を勝ち取る上でも、リーダー自らがリーダーシップを発揮して国民の信頼を得、安心を与えることが重要である。

これは、国民一般に限らず、危機対処に従事する要員にとっても大いに励みとなることでもある。

リーダーに対する信頼が薄い場合、同じことをやっても国民は常に不審の目を持ってリーダーの一挙一投足を見守ることとなり、危機への対処を行っている最中から、その方針、方策について疑問や批判が出てくることとなる。

このため、危機の発生に当たっては、リーダーは毅然として自らの考えを述べ、良くも悪くも自らの責任で事態に対処するという強い決意を国民に示して国民の信頼を得るように努めなければならない。

③ マスコミの役割

政府が危機に対処して行くに当たり、国民の理解が必要なことは前述したとおりであるが、国民の緊急事態に対する深い理解を得るため

には、マスコミの役割が重要である。

　平時、マスコミは政府の政策を批判する場面も多いが、これは通常の政策は、常に他の政策とトレードオフの関係にあり、いつの場合にも、もう一つあるいはそれ以外の複数の政策との対比において論じられることが多い上に、政策の決定に当たっては、より慎重に得失を論じつつ決定すべきであるからである。

　しかし、緊急時においては、危機に対処する政府の方針や方策は、平時と同様、他にも他の価値基準に基づく方策があるものの、価値基準や方策を議論し吟味する時間的余裕はなく、方針や方策が定まらぬまま事態対処に遅れをとることのマイナス面が極めて大きいため、何はともあれ当面政府が最善と考える方針と方策により速やかに事態対処を行う以外に道はない。

　このため、他の方針や方策を、政府が既に方針や方策を決定した後に議論することは、できるだけ避けることが望ましい。政府の方針や方策は気に食わない場合であっても、時の政府を国民が選んでいる以上、その政府に対応を委ねるしかないというマスコミ側の国論分裂への配慮が重要となる。もちろん、危機が長期にわたり継続し、政府の方針や方策につき議論をする時間的余裕がある場合や政府の意思決定以前の時点の段階における議論についてはこの限りでない。

　一方、政府は、国民との間で価値基準や対処方針及び対処方策につき合意形成を速やかに行うためにも、マスコミに対し、危機の内容や政府が考える価値基準や方針、方策等を決定するに至った考え方や背景についてできるだけ詳細に説明することが重要となる。

④　国民としての共通価値

　国民との価値基準の共有の重要性については既に述べてきたところであるが、我が国の場合における、国家全体としての価値基準の共有、すなわち、国民としての共通価値がどの程度共有されているかについ

て考察してみることする。

ア　歴史と文化

　我が国の場合、島国であるという特性もあり、歴史的にも文化的にも長年にわたり同一の国家として連綿として継続してきたという特徴を持つ。その結果、国民が長期にわたり共通の歴史と文化を共有してきたという、他国にはなかなか例を見ない大きな特徴がある。

　これは、一定の事柄に対し国民がほぼ共通の感情を以って接するということに通じており、国民の間においてそれほど精神的な階層格差がないという社会構造ともあいまって、様々な事態の発生に対しても、ほぼ共通の反応を示すという結果ともなっている。

　その結果、国民と国民との間において強い同胞感が育まれており、様々な危機の発生に際しても、被災者や危機に瀕した人々に対する同情や支援の気持ちにも強いものがある。加えて、国家や社会のために自ら尽くしたいという同胞感に支えられた奉仕の精神も強く、その結果、共助の精神も強く、また、災害ボランティア活動に見られる奉仕活動にも多くの人々が参加する結果となっている。

　これは、ある意味では政府がクライシスマネジメント方針や方策を意思決定していくに当たっても、その方針や方策が国民の共通の価値基準に合致する限りにおいては国民からの大きな反対や不満が出にくいということでもあるが、一方政府は、こうした方針や方策についてクライシスコミュニケーションを通じて丁寧に説明することの重要性を物語るものでもある。

　結論的に言うならば、我が国の場合は他国と比べてもその歴史、文化により国民の間で価値を共有している側面は多く、危機に当たって国民が一致団結して国難に当たるという精神は強いといえる。

イ　国民性

　前期のような我が国の歴史や文化を共通にすることによる国民の同胞感は、我が国の国民性や文化ともなって表れている。

　なかでも、国民相互において、家族や親族に限らず他を思いやる国民性が顕著であるといえ、困難な境遇にある人々に対しての支援の気持ちや互助の精神も強いと言える。

　また、困難な境遇にある人々に対して更に追い討ちをかけるような仕打ちに対して強い嫌悪感も有しており、いわゆる火事場泥棒を憎む心も強く、災害や危機に乗じて被災者から略奪したり、機に乗じて混乱を引き起こすなどの事態は、過去においても知られるものは少ない。

　このため、緊急事態の発生に際しては、こうした国民性を頼りに、国民の共助、自助の活動に更なる役割を与えることも考慮していくことが重要である。

ウ　教育による価値観の共有

　戦後、我が国の大きな変革により、それまで培われてきた価値観が大きく変化し、世代間の文化的共通価値に揺らぎが出てきたことも事実である。例えば、戦前の国定教科書を通じて国民共通で学んだ様々な価値も、戦後は、国定教科書もなく、必ずしも共通の価値観に基づき教育が行われているわけでもない。津波の様子やいち早い避難の重要性を教えた「稲むらの火」の話も、戦前は、国定教科書には載っていたものの、同様の教訓を教えたものは、現在はほとんど教えられていない。

　価値観の多様化ともいわれる現代ではあるが、国民として最低限必要な国民共通の価値や価値観、とりわけ公と私に関わるものや国家と国民のあり方、共同体における共助の重要性などについて学校教育を通じて教えていくことは重要である。戦前の教育を受けた親たちに教えられた現在の壮年層と若年層との間には次第に文化的環境或いは価

値観の断絶も生じ始めており、こうした教育を通じてこれらの若年層との断絶を避けることは重要である。

また、世代を超えて歴史と文化の共有の促進を図ることは、国家が危機に直面した場合において、世代を超えて一致して国難に対処することを容易にする道でもある。そのためにも、教育の果たす役割は大きい。

以上のクライシスマネジメントの根底となる考え方をまとめたのが次の図3である。

図3　クライシスマネジメントの根底となる考え方

目的の統一
通常は、人命の救助、被害の拡大防止、ガバナンスの維持が優先されるべきだが互いに矛盾する場合もある

優先順位の決定	緊急時における価値観の変化	判断の裏付けとなる国家観、歴史観	危機管理に当たっての価値観の共有
価値基準の決定 有限な資源の活用 国民の理解 政府としての明確な意思表示	私権の制限 弱者の位置付けの変化 法手続きの省略	国のあり方 国家と国民のあり方 国と地方自治体のあり方	価値観共有のための努力 国民としての共通価値

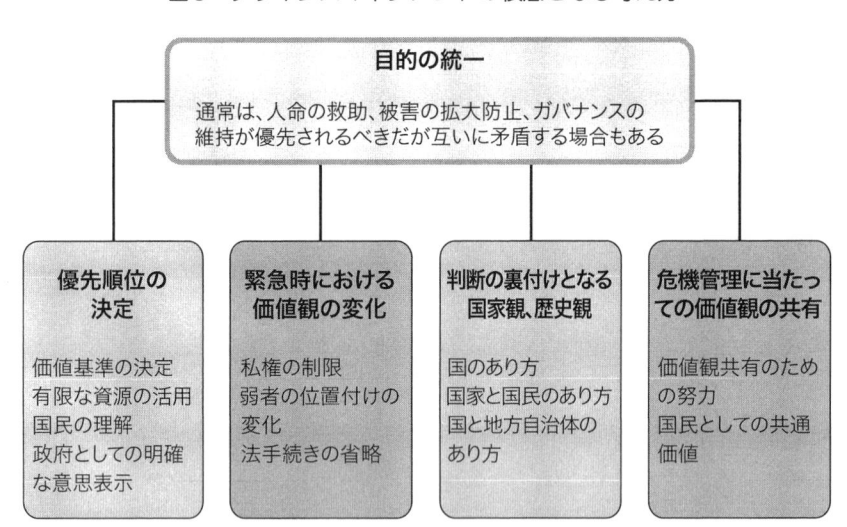

3 クライシスマネジメントの基本

　平時において様々な危機の想定を行い、これに対する準備を行っていたとしても、言葉を変えればリスクマネジメントに相当の努力を払っていたとしても、危機の発生は突発的であり、当初は何が発生しているかが判明しないことも多く、また、危機の態様や規模、範囲、烈度や被害の状況も想定していたものとは異なるものであることも多い。とりわけ、危機の状況が、想定を超える大規模、広範囲、激烈なものであり、被害の状況も想定を超える重大なものである場合に、危機への対応策として準備していた様々な方策も、当該危機に対して不十分なものとなることもある。

　こうした事態に際し、事態の深刻さに驚き、狼狽し、対応策が有効に働かないことに茫然自失となり、なす術もなく傍観してしまうということも起こりうることである。

　こうしたクライシスマネジメントの失敗を行わないためにも、危機の発生に際して基本的に行わなければならないことを知ることは重要である。

　危機の発生は、常に突発的であり、予測不能であるため、発生初期にはそれがどれほどの緊急性を持つ事態であるかを見極めることが困難である場合が多い。危機に際しては、迅速な初動活動が求められるが、どのような体制で初動活動を行うのかを決める意味でも、危機が発生したことを認識し、これが緊急に対処しなければならないものであることを確認するためには、まず、関連する情報の収集と状況の把握が重要である。

　何らかの危機が起きているとの状況の把握ができた場合、次に行うべ

きことは、危機に対処するための迅速な初動体制の確立であり、危機に対してどのような方針や体制で臨むかの政府としての意思決定である。

　これと同時に、政府が危機に際しどのような考えで何をしようとしているかを逐一国民に知らせていくことも重要である。いわゆるクライシスコミュニケーションと言われるものであるが、政府の対応についての国民の支持と信頼を得るためにも丁寧な努力が重要となる。

　突発的に発生する危機や想定を超える事態に対しても、慌てることなく的確にクライシスマネジメントを行うことが国をはじめ地方自治体や各組織においても求められていることであり、以下に述べる基本を踏まえて対応して行くことが重要となる。

　本章では、国家の危機が発生した場合におけるクライシスマネジメントを中心に、まず何をなすべきか、また、どのような事柄が重要であるかを見てみることとする。

(1)　クライシスマネジメントで行うべきこと

①　情報の収集による状況の把握

　危機が近づきつつある場合や発生した場合、第一報は、必ずしも危機が間近にあることや危機の発生を告げるものばかりではない。断片的な情報からは、危機の存在すら疑わせるものも多い。このため、必要な情報をいかに的確、迅速に集めるかが極めて重要になってくる。

　必要な情報をいかに迅速に報告させ、収集するかが鍵であり、少ない情報の中から起こりつつある事態や既に起こってしまっている事態を判断し、現在何が起きているのかの状況を把握して、素早く対処体制を構築して行くかがポイントとなる。

　また、少ない情報の中から、次に起こるであろう事態を予測するための判断も重要となる。今後、当該事態がどのような事態に発展して行くかを見通しながら、最悪の事態を想定しつつ、これに対処できる体制を構築していくことが必要である。

② 限られた情報下での事態進展の予測

突然、思ってもみなかった緊急事態が発生したり、想定を超える緊急事態が発生した場合、事態の深刻さや事態の巨大さにより、当初予定していた情報ツールが機能しないことが多い。

事態が深刻な場合、事態発生の中心部からは情報が出てこないということが往々にしてある。また、あらかじめ想定していた情報収集のためのツールが事態の深刻さに伴い機能しないということもある。

この場合、情報のない中でどのような事態が起きているのかを推測し、次にどのような事態へと展開して行くのかの見通しを立てる必要があるが、こうした情報を収集する側のイマジネーションこそが情報不足の際にとりわけ重要になると言える。

その理由として、一つには、情報がないということは、甚大な被害の可能性があることを前提に対応する必要があるということであり、二つには、情報が来ないほどに深刻な事態であるかもしれないということは、次に引き起こるであろう事態を想像しつつ発生した事態あるいは今後発生する事態に対応していかねばならないということである。

また、情報が来ないということは、情報要求に対しても十分な情報を報告できないということであり、この場合、既存の情報ツールが機能しておらず、今後の危機対応も、既存の情報ツールが機能しない中で新たな情報ツールや情報ルートを構築しつつ行わなければならないということでもある。

こうした具体的な情報のない中での、イマジネーションを活用した事態進展を見通す判断力こそが、想定を超える事態や重大な事態の発生に際しては重要な役割を果たすこととなる。

③ 迅速な初動対応

危機が発生した場合、事態への対応が遅れれば遅れるほど事態対処

は困難になるとともに被害は拡大して行く。

　このため、素早く事態に対処する要員を召集して初動体制を構築するとともに、政府としての緊急事態対処体制や事態対処の方針を決定していくことが重要である。

　緊急事態においては、業務量は通常の何倍にも増して増大するが、国民の生命、身体及び財産にかかわる事態であり、その成否が国民生命等に直結するため、これらの膨大な業務量を迅速、的確に判断し、適切に処理していくための体制を迅速に確立していくことが求められる。

　通常の業務とはまったく異なる緊急事態対処のための業務を経験の少ないスタッフで的確に実施していく必要があり、また、政府としての方針を速やかに決定していくためには、情報の集中と政策決定者をはじめとするクライシスマネジメントに当たるものの意思疎通、そして一元的に命令や指示が行われる体制を構築することが重要となる。

④　政府としての意思決定

　とりあえずの初動体制が構築された場合、引き続き直ちに行わなければならないのが、政府としてどのような方針で、また、どのよう体制で危機に対処していくのかを決定していくことである。

　政府としての当該事案に対する基本的対処方針を定め、明確にクライシスマネジメントの目的及び当面の目標を明らかにするとともに、政府としての具体的活動体制を決定していかねばならない。早急に対処方針を明らかにしていくことは、国民及び危機対応に当たる関係者が共通の認識を持つことでもあり、関係者及び国民が同じ目的と目標を持って危機に立ち向かうことが重要だからである。

　また、政府としての具体的活動体制を早急に定めていくことは、例えば、政府の対策本部を立ち上げることにより政府が一丸となって事案対処を行う体制を作るとともに、政府の各部局の動員体制を決定していくことで、政府の取組姿勢が、国民及び政府部内の関係者に明確となっていく。

⑤ 事態対処活動（オペレーション）

　緊急事態に対処のための当面の初動活動により、政府としての具体的活動体制や政府としての緊急事態対処のための基本的活動方針が決定された後は、政府としていかに迅速に緊急事態に対処し、クライシスマネジメントの目的である国民の救助や被害拡大又は更なる危機の進展を防止し、国家のガバナンスの維持を図りつつ事態を鎮静化させていくかが問われることとなる。

　このため、事態に対応するための対処要員及び資機材をはじめ各種資源の動員を行うとともに、事態の性格や規模に応じて政府内各組織の任務分担を行い、政府全体として効率的に事態対処が行われるような組織作りも重要となってくる。

　政府全体の統括を行うのは、○○対策本部といった政府が一体となった組織の中心となるヘッドクォーターであるが、そこでは、政策決定者を中心に、情報が一点に集中し、かつ、一点から各組織に指揮命令が伝わるシンプルな組織作りが重要となる。

　緊急事態対処に当たっては、短時間に、膨大な量の情報を収集し、分析し、判断するとともに、同じく膨大な量の業務を、優先順位を勘案しつつ処理していかねばならないため、こうした作業を担う対策本部の事務局体制は、多くの要員と効率的な事務処理及び各部門の連携が取れる体制作りが求められる。

　また、政策決定者に最終的な判断を求めるためにも、事務局におけるいわゆる参謀機能の充実についても必要となってくる。

　一方、実際に現場において事案対処に当たるのは、現場の執行部隊であり、対策本部からの任務賦与に基づき、目標に向けて現場活動を行うこととなるが、現場では、指揮官の判断の下、事態の状況に応じた臨機応変の活動を行っていくこととなる。事態の鎮静化が図れるかどうかも、最終的には、現場の活動如何にかかってくることとなる。

⑥ 的確な広報（クライシスコミュニケーション）
ア　国民への広報

　言うまでもないことであるが、緊急事態発生時の国民とのクライシスコミュニケーションは、平時の場合に比べてはるかに重要であり、とりわけ想定を超える事態が発生したときは、より重要かつ困難となる。

　国民は、日頃考えていなかった重大な未経験の事態の発生に驚き、慌て、不安を募らせているのであり、これから先どうなるのかの事態進展の見通しや、仮に被害を受けていない場合でも、自分や家族の身に危険は及ばないのか、仕事にはどう影響するのかなど日頃考えもしていなかった事態の出現に戸惑っている状況にある。

　国や地方自治体等危機管理に責任を持つ当事者は、まず、国民のこうした不安解消のため最大限の努力を行わなければならない。

　なかでも
- 何が起きているのか
- これは国民にとってどのように危険なことなのか
- どのようにすればその危険は避けられるのか
- 国はこれに対してどう対処しようとしているのか
- その対策はどの程度有効なのか
- その危機はどの程度続くことなのか
- 今後何が起き得るのか
- 将来の危険を避けるためには何をすることが望ましいのか
- 国が国民に求めるものは何なのか
- 国民がやれることは何なのか
- 事態の収束はいつなのか

等の国民が知りたいと思う事柄について丁寧に説明することが重要となる。

　クライシスコミュニケーションは、国民の不安解消のためのみならず、国民の協力を求める上、また、クライシスマネジメントを成功さ

せる上でも極めて重要である。

　また、国が緊急事態の発生に際し、危機に対処するため最大限の努力中であることをその手段や方法も含めて国民に詳しく説明することは、国民の時の政府に対する信頼を勝ち取る上でも（政府に対する国民の信頼がなければ、クライシスマネジメントもうまくいかない。）極めて重要なことである。

　ところが実際には、クライシスマネジメントにおけるクライシスコミュニケーションのあり方についての研究は必ずしも進んでおらず（特に我が国においては）、その内容、タイミング、頻度、要領等の技術面の検討も十分なされぬまま、マスコミの求めに応じ記者会見を行っているというのが実情である。

　また、政府や地方自治体に限らず、企業や各種団体においても同様であるか、若しくは、それ以上に検討されていない。

事例20◆クライシスコミュニケーションの重要性

　福島第一電子力発電所の事故に際しては、原子力発電所の事故の状況や事故進展の見通し、原子力事故レベル、メルトダウンの状況、放射能汚染水放出の事実等の公表の遅れ、食品の安全性の公表の仕方をはじめ、国民の信頼を獲得する上で問題の多い事例が相次ぎ、緊急事態発生に際してのクライシスコミュニケーションの重要性を痛感させる事態が相次いだ（詳細は後述。）。

イ　外国人及び国外への広報

　国家の危機発生時のクライシスコミュニケーションの重要性は、何も国民との間だけの問題ではない。国内に在住する外国人や国際社会においても、我が国の危機に対し、不安とともにその成り行きに大きな関心を持っていることも現代社会においては当然のことである。

　国内に住む外国人に対する広報は、二つの意味を持つことが多い。

一つは、言葉がよく分からず事態の理解に支障を来たし、大きな不安を抱いている外国人の不安を解消するという意味である。もう一つは、国内の外国人の不安が国外へ伝わり、国外から再び増幅されて国内に伝わり、国内の国民に、政府とは違う情報源として不安が伝わるということを防ぐという意味である。

とりわけ情報の発達した現代社会においては、国民は、政府の広報の真実性を確認する意味からも国外の情報を検証しようとすることが容易になっているため、国外のメディアが事態をどう見ているかの情報や国内の外国人の動向にも敏感になっていると言える。

もう一つ重要なことは、国際社会に対する広報である。

国際社会に対し、国民に対する広報と同様、丁寧な説明を行っていくことは、危機に対する政府の対応の合理性、正当性、実効性等を理解してもらう上でも重要である。これは、国内に住む外国人の不安解消につながる面もあるが、それ以上に、国際社会の理解を得つつ危機対応を行っていることが、国民はもちろん対応を行っている政府自身においても、クライシスマネジメントのあり方の自信につながる面もあるからである。

とりわけ、当該危機が外国とも絡む国際的な事案の場合においては、こうした国際社会へのアピールは極めて重要となる。

事例21◆国際広報の問題点

福島第一原子力発電所の事故の際、事故の状況や事故への対応状況、国民への呼びかけは、日本語では、政府や東京電力において行われていたが、国内に住む外国人や外国に対する広報は、外務省におけるブリーフィングのみであり、日本語を解しない場合は、これを受けて各国大使館や外国のマスコミそして我が国に在住する外国人が状況を知るという状態が長い間続いた。このため、国内に住む日本語を解しない外国人には、情報が速やかには伝わらず、不安が増大するという結果となっていっ

3 クライシスマネジメントの基本

た。その後、外国大使館から、政府の広報を英語に翻訳してインターネットを通じて見れるようにしてほしいという要望が出され、これに基づき、外務省が英語による政府の広報をインターネット上で行うようになったのは事故発生後相当経ってからのことであった。

福島第一原子力発電所1〜4号機（東京電力㈱提供）

これらのクライシスマネジメントの基本をまとめると図4の通りである。

図4　クライシスマネジメントの基本

情報の集取により状況の把握	政府としての意思決定
情報の速やかな収集 必要な情報の選択 迅速な事態把握と判断	対処方針の決定 （活動の目的、当面の目標の明示）

事態進展の予測	事態対処活動
事態の正確な把握 最悪の事態の想定 事態進展を見通した対応策の決定	具体的活動体制の確立 各組織（省庁等）の任務分担 本部と現場執行部隊の役割分担

迅速な初動対応	適確な広報
要員の緊急参集 事態対処体制の構築	事案の公表 事態進展の公表 期待される行動の呼びかけ 不必要な不安の解消

(2) クライシスマネジメントの心構え

① クライシスマネジメントの目的を見失わない

　国家の危機が発生した場合において、政府としての対処方針を示していくに当たり、クライシスマネジメントの目的として求められるものは、既に述べたように主として被災者の救済、危機の原因の除去、被害拡大の防止、国家のガバナンスの維持等であるが、ここで重要なことは、どのような緊急事態が発生しようとも、また、発生した事態が想定以上のものであっても、これら国家のクライシスマネジメントの目的はいつも変わらないということである。

　ただ、事態が想定を超えており、事前に準備していた対策では十分対応できないということは多々あり得ることである。

　しかし、クライシスマネジメントにおいて重要なことは、当該事態におけるクライシスマネジメントの目的を見据え、事態が想定や当初の予測を超えてもその目的を見失わないということである。

　また、目的達成のため、危機対応の優先順位を定め、その優先順位に沿って行うべき当面の目標を定め、その目標に向かって、不十分ながらも、もてる人的、物的資源を活用して危機対応に当たっていくということである。事前に準備した対応策では十分対応できない場合でも、目的を見失わずにやれることからやるべきことをやっていくことであり、危機の大きさに驚愕し、なす術を知らず茫然自失することではない。

　また、想定外の事態や想定を超える事態は、常に起こると心得る必要がある。突発的に発生した事態が、常に想定どおりのもので、準備した対応策で十分対応できる事態であることのほうがむしろ少ないと考えるべきなのである。

　さらに加えて言えば、想定にとらわれていることは、むしろより危険な事態を招くことも多い。想定にとらわれて、「これ以上事態は悪化しないだろう」「事態の収拾策はこの程度で対応できるだろう」「こ

こまで避難すれば大丈夫だろう」と考えることは、危険を避けるための更なる努力を怠る可能性があり極めて危険である。

> **事例22◆津波ハザードマップの危険性**
>
> 　東北地方太平洋沖地震が発生した際、津波の被害が多かった地区は、過去にも大津波の被害を受けた地域であった。それぞれの地域において過去の津波の襲来地点のマッピングやハザードマップによる被害想定を行っていたため、地震発生とともにハザードマップで被害が想定される地域の人々はとにかく安全な地域まで避難しようと行動を起こしたが、一方、ハザードマップでは津波が来ないと想定されていた地域の人々は、「ここは安全だ」と考え避難しようとしなかった人々も多かった。その結果、地域によっては、想定で津波が襲来すると予想される地区の人々の被害より、津波が来ないと想定されていた地区の人々の被害のほうが多かった地域もあったのである。
> 　想定にとらわれることの危険性を表す事例である。

②　直線的思考による判断

　通常、平時に行政行為を行う際は、その行為を行うまでに様々な事前の手続きを経た上で、当該行為のコストパフォーマンスや適法性、妥当性、合理性を考慮しつつ当該行政行為を行う必要があるが、緊急事態が発生した場合には、こうした平時の思考は忘れて、目的に向かって直線的にクライシスマネジメント活動を行う必要がある。つまり、クライシスマネジメントの目的に沿って、当該危機を収束させるための当面の目標に向かって直線的思考で活動を行うという発想が重要である。

　特に、危機が重大な場合や想定を超える事態の場合は、平時の思考は一時停止して、危機に対応するという合目的的活動を優先して活動を行う必要がより高まってくる。想定通りの事態であれば、クライシスマネジメント活動も、事前に、適法性、妥当性、合理性等は十分考

慮されていることが多いが、危機が重大かつ想定を超える事態の場合は、法律も平時を想定したものか、想定内の事態しか規定していないため機能しないことが多いからである。

　ただ、直線的思考で活動を行おうとしても、その行為を法が予定していないため、一見違法な行為のように見えることや危険の中での活動のため活動に当たる要員を危険にさらすおそれがあり、その行為を行うことを躊躇しがちな向きもあるが、緊急時には、多くの場合、正当行為（形式的には刑罰法規に抵触するが、法令あるいは業務により行う行為で、違法性を欠く行為。例えば、医者が手術のため、他人を傷つける行為。）あるいは緊急避難（自己又は他人の生命、身体、自由又は財産に対する急迫な危難を避けるため、やむを得ず行った行為で違法性を欠く行為。例えば、人命救助のため、他人の土地に許可無く入り込んで救助に当たる行為。）の法理論が働くことや要員の危険よりも救われる人命のほうがより価値が高いと考えられる場合も多いと考えてよい。また、社会も緊急の事態にあっては、少々の手続きの不備は許容するものである。

　むしろ、法手続きを墨守してクライシスマネジメントのための活動の妨げになったり、法が予定していないあるいは危険であるからといって何もしないことの方が余程罪は重いと考えるべきである。

事例23◆津波警報下での沿岸部での救助活動

　東北地方太平洋沖地震の際、津波に襲われた沿岸地域への救助、救援活動が喫緊の課題であったが、そのためには、現地までの道路啓開を始め、被災地域における各種活動が必要であったが、最初の地震以降しばらくの間、沿岸地域では津波警報や注意報が出されたままの状態であった。事前の各種マニュアルでは、津波警報や注意報が出された状態では沿岸部に近づかない若しくは沿岸部から離れるという決まりがほとんど

であったが、人命救助を優先する観点から各組織においては、津波警報または注意報の発令中にもかかわらず、各種救助活動に当たった。

　救助活動に従事する職員や作業員にとっては危険の中の作業であったが、対応に当たる各組織間において気象庁等との連携を強化しながら、万が一津波が発生しても退避できる体制を作りつつの活動となった。

　現場における指揮官の、人命救助優先という目的に向けた直線的思考により、マニュアルにとらわれることなく、また、万が一津波が発生し関係者に事故が生じた場合の責任問題等を覚悟しつつの活動が行われたものであり、こうした指揮官の決断により、津波対策も採りつつ救助活動を行うという当初の目的を実行することが可能となったものである。

③　最大限の構え

　緊急事態が発生した場合、それが想定を超える事態であるかないかを問わず、平時の事態とは異なるため、平時において準備していた要員、資器材、予算では到底対応できないこととなることが予想されるため、至急、要員、資機材、予算等を追加動員する必要が出てくる。

　この場合重要なことは、追加で動員する要員、資機材、予算等は、できるだけ最大限動員する必要があるということである。

　特に、想定を超える緊急事態の発生の場合は、当初は、危機への対応に遅れが生じたり、不十分な対応しかできない状況となっているため、被害がどこまで拡大するか、あるいは、発生した危機を原因とする新たな危機が始まるかどうかの判断は十分できない状況となる。このため、こうした被害の拡大や新たな危機の連鎖に対処するためにも、できるだけ多くの要員と、資機材を準備し、あらゆる事態に対応できるようにすることが重要となる。

　対応の遅れにより被害が拡大していき、被害が甚大なものとなっていくことを想起すれば、大きく構えても大き過ぎることはない。仮に、大きく構えた体制が必要なほど事態が進展しなかったとしても、それ

はそれで結構なことであり、大きく構えて小さく収めるという発想が重要である。

事態の進展に応じて要員、資機材を逐次投入するやり方は、いわゆる兵力の逐次投入と言われるものであり、対応が常に事態の後追いとなり、事態がまだ拡大しない段階で事態を収束させるという発想と比べて被害が大きくなる場合が多い。

事例24◆危機に際しての直線的思考

宮崎県で口蹄疫が発生した際の対応は、危機を収束させるという危機管理目標に向かって全力を挙げるといった直線的思考からは程遠い対応と言うことができた。

口蹄疫が発生した場合の対策としては、発生を認知した後、直ちに、口蹄疫発生農場における家畜の殺処分、埋却、畜舎の消毒、周辺に通じる道路の封鎖と検問消毒に全力を挙げ、とにかく感染拡大を防止するというのがクライシスマネジメントの目的であるべきところである。

宮崎県での口蹄疫発生時の家畜の埋却作業（平成22年5月）
（農林水産省提供）

しかし、宮崎県では、一般人には迷惑をかけられないとの考えから、道路の封鎖は不十分の上、検問消毒は関係車両のみ、家畜の殺処分はとりあえず投入できる要員で行ったため、感染拡大とともに患畜の数が増加し、直ちに殺処分、埋却すべき患畜の数が数万頭に達しても要員の増強は不十分であった。

また、ワクチン接種に当たっても、感染が拡大しているにもかかわらず、ワクチン接種した家畜に対してのその後の補償面での結論が、実質的には出ていても法的に出るまではワクチン接種を実行しないなど、当面の目標が農家の補償の確保にあるのか、感染拡大防止にあるのかが分からないような本末転倒の状況が見られた。

対策の実行に当たっても、結局は、国の指導により、要員や資機材の増強を行い、検問消毒ポイントは県が設定した当初の4ヶ所から最大400数十ヶ所へ増強したほか、対処要員も、家畜の殺処分を、最大時には、一日3万頭近く行えるまで大量に増強し、国からの対策のための指導員を現地に常駐させて対策の実行を促すことにより、事態の鎮静化が図られた。

事例25◆自衛隊10万人の投入

平成23年の東日本大震災が発生した初日の3月11日、津波被害の大きさや被害範囲が広範囲に及ぶことに加え、福島第一原子力発電所の事故が発生したことを見て、官邸危機管理センターで危機対処に当たっていた筆者は、これは、自衛隊を最大限出動させるべき事案であると考えた。それまでの計画の中に、首都直下地震の際には、自衛隊を10万人余出動させる計画があったのを承知していたため、10万人は自衛隊としても出すことができる人数であると考え、防衛省に10万人動員の計画を検討するよう調整するとともに、総理大臣にも自衛隊は10万人出動させることができるし、出すべきであることを進言した。

その結果、自衛隊は10万人出動することとなった。事態の状況は

いまだ不明なるも、とりあえず大きく構えようということであったが、危機管理センター内の各メンバーにも特に異論はなく、自衛隊のその後の活動や活躍から見ても決して多すぎる動員でもなければ、国防に不安を与える動員でもなかった。

被災者を搬送する隊員
（陸上自衛隊提供）

④　有限資源の優先活用

　危機に備えて様々な対策を講じていても、いざ危機が発生してみると、すべての対策が十分機能するとは言い切れない場面に遭遇することがある。特に、発生した緊急事態が想定を超えるような事態にあっては、いざというときに備えて準備した対応要員や資機材等では対応できないということが多い。

　しかし、当面の対応を行う上にも、不足する人員と資機材を動員して何らかの対応をすることとなるが、この場合に重要なのは、優先して対応すべき事象を決定して、そこに限られた人員、資機材を投入して行くということである。

　被災者の救済、危機の原因の除去、被害拡大の防止などクライシスマネジメントを行う上で対応すべきことは数多くあり、そのすべてを

同時に行うことができない状況下で、何を優先して対応していくかは、危機管理担当者の重要な判断事項である。

対応要員、資器材が不足する中、要員、資機材の追加動員の対応は行うものの、当面は、何かを犠牲にしつつ優先的に行うべきことを先行して行うという判断が必要となる。

危機の状況判断、危機の進展の見通し、追加される人員、資機材の見通し等々を見極めつつ、真に重要なもの、あるいは時間的に余裕の無いものから優先的に対応していくという判断は、危機管理担当者の国家観、歴史観が問われる場面であり、国家の中央、現場を問わず、想定を越える緊急事態にあっては、重要な判断となる。

事例26◆被災時の燃料の確保

東日本大震災が発生した際、被災現地において数多くの救援物資を必要としていたが、中でもガソリン、軽油、灯油、重油等の燃料の不足が深刻であった。自衛隊、国土交通省等はあらかじめ一定量の備蓄はあったものの、一時的に大量に発生する活動用燃料以外の需要に対応できるまでには備蓄されておらず、限られた燃料を、将来の確保予定をも睨み合わせながらどう配分するかは重要かつ深刻な判断であった。

各組織にあっては、自らの使用分において優先順位をつけて配分するのみならず、緊急を要する被災地域の燃料についても融通しあいながら救助活動に当たったが、発災直後の燃料が枯渇しつつある時期にあっては、現場における指揮官の大局的な判断が求められる場面であった。

⑤　冗長性の活用

突発的な重大な危機の発生や想定を超える事態の発生は、事態の発生自体が突然であったり、事態の態様や大きさがそれまでの想定になかったということであり、発生後の事態の展開も想定を超えるものと

なることは自然なことである。
　こうした予想もしない事態の展開や被害の拡大或いは危機の更なる連鎖に対応していくには、当初予定していた対応策では対応できないことも十分考えられ、対応策も複数用意しておくことも重要となる。
　加えて、最大限動員した人員、資機材についても常に予備部隊や遊軍を確保し、予想できなかった新たな事態の現出や被害の拡大に対応させていくことが重要となる。また、対応する要員や資機材が不足するといった状況にあっても、人員、資機材を全部使い切るのではなく、これら予備部隊や遊軍を確保することのほうが後々有効なことが多い。より重要かつ緊急な事態が最初から発生するとは限らず、後から発生した場合においては、これに対処すべき人員及び資機材は必要であり、予備部隊や資機材を使い切ることは、極めて危険な判断であることを肝に命ずる必要がある。
　様々な緊急事態への対応に当たり、冗長性の重要性が説かれるのも、こうした想定を超える事態のための冗長性ということができる。
　正に、昼行灯の出番が出てきたということであり、昼行灯は緊急時こそ役に立つということである。
　また、事態に対処する手段もひとつの手段のみを唯一の手段として準備していたのでは、その手段が何らかの理由で有効でないことが判明した場合には、もう対策手段がないということにもなりかねず、対応策も複数準備することも重要となる。

4 クライシスマネジメントの実際

　クライシスマネジメントの基本については、前章で述べたところであるが、実際の危機発生の現場においては、この基本に沿って危機対処を行おうとしても、基本どおりに動かないことが多々ある。

　とりわけ、発生した危機が重大であれば重大であるほど、現場は混乱し、平時において期待していた危機管理の様々なツールは、実際には機能しないということも往々にして生ずるのである。

　本章では、クライシスマネジメントの基本に沿って実際の姿を追いながら、現実の場面において、どのようなときに、そして、なぜ基本どおりにクライシスマネジメントがうまく運ばないのかを考えながら、クライシスマネジメントを的確に行うには何が重要かを考えていきたいと思う。

(1) 情報の収集による状況の把握

① 情報の速やかな収集

　国家にとって、何か重大なことが発生していることを早期に知ることは、必ずしも容易なことではない。通常、緊急事態発生の第一報というものは、漠然としたものが多く、その真偽も不明な場合が多い。いかに最初の必要な情報を早く入手するかが決め手となるが、情報は、ただ待っていても必要な情報は入ってこない。また、情報は早いだけでは十分とは言えない。正確であることも、事態を判断する上では重要なことである。

　必要な情報が必要なときに、国家の危機管理に当たる必要な人物若

しくは組織に届けられるかどうかは、情報を求める努力を国家がどれほどしているかにかかっている。危機管理に必要な情報は、待っていても来るものではなく、求めなければならない。また、必要な情報がある国家の組織に届けられたとしても、そこに留まるのではなく、それが国家の危機管理を行う人物や組織に、その判断に資する形で報告される必要がある。

また、情報は鮮度の高い情報でなければならない。鮮度の高い正確な情報の素早い入手と、迅速な対応こそが危機管理の成否を分ける。

古来、世界中の国々は、諸外国と外交、交易あるいは戦争を行う上にも相手国の様々な情報を求めることに全力を挙げてきた。現象面の動きと相手国為政者の言動、国民の動向、そしてそれらの裏に隠された意図を読み取ることは、国家の死活にかかわる問題だからである。

ア　インテリジェンス活動

こうした国際的な活動に限らず国内的な活動も含め、主として国家の安全にかかわる情報を求める国家の活動をインテリジェンス活動と言うが、現代においてもその重要性は変わらない。むしろ、その内容はより高度化している。

一方、インテリジェンス活動を行う機関に限らず、国家の各機関は、通常の様々な活動の中で国家の危機に至るかもしれない多様な情報に日々接している。重大な事件、事故や感染症など様々な事案発生の情報は、日々生起する事件、事故や事案とともに行政各部において入手しているが、これらの情報の中で国家の危機に結びつくかも知れない情報を国家の中枢や危機に対処する機関にいかに迅速に届けるか、あるいは報告させるかということが重要となる。

このため、どのような情報を迅速に国家の中枢や必要な機関に報告すべきかがあらかじめ行政各部に指示されていなければならないが、

その指示のやり方も簡単ではない。その指示が漠然としたものであれば、ある情報を報告すべきかどうかの判断は行政各部の現場の長に委ねられ、その個人的資質に基づく判断により、報告すべき事案かどうかの判断がなされることとなる。このため、重要な情報が報告されずに放置されたままという事態も生じ得る。

　一方、報告すべき事案をマニュアル化して詳細に定めると、現実には、その事項は多種多様な項目となり、現場においては、マニュアルの消化不良による報告漏れ、若しくはマニュアルで想定した事案以外の事案は、報告されるべき事案であってもマニュアルに載っていないという理由で報告されないということも起こり得る。

　結論的には、報告漏れを恐れて幅広めの報告を求めるシステムを構築することとなるが、国家の危機管理とは程遠い、現場で処理すべき事案の情報が、これも報告さえしておけば責任が回避されると考える現場から、受け手のことなど考えずに次から次へと報告がなされることとなる。その結果、情報の受け手は、大量の情報の中から真に必要な情報を探し出す努力とその情報の重要性を見抜く努力を常に求められる。

　しかし、そうした場合であっても、迅速な報告はどのような場合でも重要である。内容的に不十分若しくは軽微なものであっても、次の情報を求めるきっかけとなり得るし、何よりも、まったく報告がないために何も情報がない状態よりはるかにましだからである。

　このため、情報を入手するためのインテリジェンス活動を行う体制や組織の構築とともに、行政各部が迅速に情報を報告する体制及びその報告を常時受け取ることのできる体制の構築も同様に重要となってくる。情報価値の判断がないままの大量の情報の報告も、こうした報告を常時受け付け、また、判断してさらに報告するという体制が不十分なため生じるものと言うことができる。

事例27◆情報価値の判断のない報告

　筆者が内閣危機管理監をしていたときのことであるが、筆者の執務室及び自宅にはファックスが置かれ、常時、緊急事態に結びつくかも知れない情報やとりあえず報告しておいたほうがよいと思われる情報などが夜間、休日を問わずひっきりなしにファックスから流れ出るようにして報告されていた。

　報告の内容は、各省庁が、総理官邸まで緊急に報告すべき事案かどうかを一時的に判断して、必要と考えられる場合に総理官邸に報告するというものであったが、省庁によっては、本省の幹部への報告ですら時間を置いてからまとめて報告することで十分な内容の緊急度の低い情報まで筆者の自宅のファックスに報告してくる省庁もあった。

　これには、報告漏れで後からとやかく言われることよりも、とりあえず何でも報告しておけば文句ないだろうといった態度から情報価値の判断も行われずに報告されるものとしか考えられないものもあり、その結果、緊急事態とは結びつきそうにないと思われる情報まで大量に報告されていたのである。

事例28◆阪神・淡路大震災時の総理官邸及び内閣、政府の体制

　平成7年（1995年）1月16日発生の阪神・淡路大地震の際、当時の総理官邸、内閣及び政府内の緊急事態対処体制はどうなっていたのであろうか。

　当時の総理大臣官邸にも内閣にもまた地震災害を所掌する国土庁（当時）にも、24時間体制でこれに当たる緊急事態対処体制はおろか、緊急事態発生の報告を受理する体制すら存在しなかった。

　国土庁には、緊急事態に備えて当直に当たる職員すらおらず、国土庁で最初に地震発生の情報を気象庁からのファックスで知ったのは、民間の警備員であり、その警備員からの一斉連絡で初めて国土庁の担

当者に連絡が行った。総理官邸においても同様で、テレビで地震発生のニュースを見た総理秘書官が国土庁に情報の問い合わせを行ったのは、地震発生から一時間以上経った午前7時過ぎのことであった。国土庁にもテレビが伝える情報以上の情報もなく、政府が、現地で深刻な事態が発生しているとの認識を持つまでには更に時間を要し、政府としての初動体制の確立は大きく遅れた。

　当時は、内閣危機管理監及びこれを支えるスタッフは存在せず、内閣情報集約センターや官邸危機管理センター等の、緊急事態発生の報告を受ける体制もこれに対処する体制もなく、緊急事態対処に当たるべき内閣の事務の要である内閣官房副長官が総理官邸に到着したのは、地震発生後3時間以上経過した午前8時50分であったと言われており、通常の日程どおりであった。

　阪神・淡路大震災では、災害対策基本法で定められた、総理を本部長とする最高の危機管理体制である緊急災害対策本部は設置されず、これに次ぐ体制である、国務大臣を長とする政府の非常災害対策本部の設置が決定されたのは、通常の定例閣議が行われた午前10時04分のことである。

阪神・淡路大震災時の火災発生の状況（平成7年1月）

（警察庁提供）

事例29◆護衛艦「あたご」の漁船衝突事案

　平成20年（2008年）2月19日、午前4時07分頃、千葉県の野島崎灯台の南42kmにおいて、護衛艦「あたご」と漁船「清徳丸」が衝突し、「清徳丸」の船体が大破、乗員2名が死亡するという事故が発生した。自衛艦と民間船舶の事故としては、昭和63年（1988年）の潜水艦「なだしお」と遊漁船「第一富士丸」との衝突事故以来の重大なものであった。

　「あたご」では、事故の発生を午前4時23分頃になって第三管区海上保安本部に報告、4時33分頃、自衛隊護衛艦隊司令部に報告した。その後、自衛隊内部での段階を追った報告の結果、防衛大臣、内閣総理大臣への報告は、それぞれ、午前5時40分頃、午前6時頃と大幅に遅れることとなり、総理の報告に2時間近くの時間がかかってしまい大きな問題となった。

　このため、政府では、重大事故をはじめ緊急事態が発生した場合は、それぞれの省庁の上層部をはじめ、内閣情報集約センターへの迅速な事態発生の報告を行うよう指示した。

護衛艦「あたご」（海上自衛隊提供）

> **事例30◆領海内国籍不明潜水艦発見事案**
>
> 　平成20年（2008年）9月14日、午前6時56分頃、護衛艦「あたご」が、豊後水道周辺海域（領海内）において、潜水艦の潜望鏡と思しきものを発見、アクティブソナーによる捜索を行ったところ潜水艦である可能性大と判断した。領海内で国籍不明の潜没中の潜水艦を発見した場合は、直ちに自衛隊の潜水艦か否かの判断を行い、外国の潜水艦と判断される場合は、自衛隊法第82条に基づく海上警備行動命令を発令して当該潜水艦の浮上を命ずべきところ、自衛隊の潜水艦か否かの判断を求める自衛艦隊司令部への報告は、1時間近くたってからのことであり、自衛艦隊司令部が自衛隊の潜水艦でないことを確認して、海上警備行動の発令を求めて防衛省から内閣官房に報告があったのは、更に40分ほど経った最初の発見から1時間30分以上経ってからのことであった。
>
> 　しかし、その直後の午前8時39分に、護衛艦「あたご」は、潜水艦を失尾。この間、連絡や判断の遅れから航空機を使っての潜水艦の捜索も海上警備行動の発令も行われず、当該外国のものと思われる潜水艦は領海外へ逃走したものと見られる。

イ　情報入手のための努力〜インテリジェンス

(ア)　危機管理におけるインテリジェンスの役割

　危機管理においてのインテリジェンスの役割を考えるとき、インテリジェンスは、「危機の事前対策」及び「緊急事態対処」の様々な場面で有用な役割を果たしている。具体的には、以下のような役割がある。

　第一の役割は、「危機の原因となる事象若しくは対象に関する総体的情報及び危機の背景となる事象を把握するための基礎情報の入手」、

　第二の役割は、「危機の予知」、

　第三の役割は、「危機の予防若しくは回避又は危機による被害軽減」、

　第四の役割は、「危機への対処」、

　最後に、事態終了後の「再発防止のための検証、教訓の入手」である。

インテリジェンス活動は、危機管理のあらゆる場面で重要な役割を果たすものであり、危機管理において欠かすことのできない重要なものである。とりわけ、人為的な行為の結果生ずる危機においては、行為者に関する情報はインテリジェンス活動により得られることが多い。

事例31 ◆在ペルー日本大使公邸占拠事件
～トゥパク・アマル革命運動（MRTA）に対する情報不足

　1996年12月、在ペルー日本国大使公邸占拠事件が発生した際、我が国政府では、犯人グループである「トゥパク・アマル革命運動」がどのようなグループであるかの情報に乏しく、同じペルーでも日本赤軍が接触を持っていた「センデル・ルミノソ」（輝ける道）については知識があったものの、犯人グループについては分からなかったという（『日本のインテリジェンス機関』、大森義夫、2005年）。

　犯人グループに関する事前の知識がないと犯人グループの活動方針、構成要素、性向、首謀者の考え方などは、なかなか分からないため、事態が進行して行く中、情報の収集に努めることとなった。

在ペルー日本大使公邸占拠事件～公邸二階から腹ばいで脱出する人質ら
（毎日新聞社提供）

> **事例32◆アルジェリアの天然ガス関連施設での人質事件**
>
> 　2013年1月16日、アルジェリア東部のイナメナスの天然ガス関連施設で発生した武装集団による施設占拠、人質事件は、日本人10人を含む少なくとも37人の外国人が殺害される悲劇的結末となった。
> 　我が国に人質となった日本人の会社を通じて政府に第一報が入った後、政府では官邸に官邸対策室を設置して情報収集に当たったが、アルジェリア現地からの情報はなかなか入らず、特にアルジェリア政府からの情報収集が十分行われなかったために、人質の安否やアルジェリア政府の事案対処方針もよく分からないまま徒に時間が経過した。
> 　政府としては「人命第一」を対処方針に掲げたものの、アルジェリア軍の動向や武装集団の状況に加え肝心の人質の安否情報もあいまいなものが多く、事実関係は依然不明なものが多かった。
> 　政府関係者が事案終了後現地入りして初めて邦人の安否が確認される結果となり、我が国の海外における情報収集能力の低さが改めて浮き彫りとなる事件であった。これも、外務省の体制も含めた情報収集能力の低さのみならず、我が国の海外インテリジェンス機関が存在しないことをはじめ、海外において我が国のインテリジェンス活動がほとんど行われていないことが大きな原因であることは言うまでもない。

　(イ)　インテリジェンス活動の構築

　国家の活動において国民の安全を守り、平穏な国民生活を維持していくためには、通常の行政活動に加え、国民の安全確保や国家の安全保障に資する情報活動を行うインテリジェンス機関を構築し、危機管理に利用できる情報を積極的に収集する活動を行わせる必要がある。

　現代の諸国家がどのようなインテリジェンス活動を行い、危機管理に役立てるため努力しているか見てみる。

ウ　インテリジェンスの種類

　インテリジェンス活動には様々な種類があるが、情報を得る手段に応じて幾つかに分けることができる。

　㋐　画像情報（IMINT：Imagery　Intelligence）

　主として、衛星、航空機、レーダーなどによって得られる画像情報や写真から得られる情報。

〈特徴〉
- 自然災害、軍事を問わず外見的なものから判断できる多くの情報が得られる
- 画像技術や通信手段の発達により、遠隔地における情報が遠隔操作によりリアルタイムで見られる。
- 屋内、地下の動きは見えない。ただし、映像機器を現地に投入することができれば遠隔操作又は人間による情報入手は可能。

　　例えば、オサマ・ビン・ラディン殺害のための米軍コマンドの活動をオバマ大統領以下のスタッフは、ホワイトハウスのモニターで邸宅侵入の瞬間までリアルタイムで見ていた。
- 画像分析官の説明とともに画像を見ることで視覚に訴えやすく、危機管理担当者をはじめカスタマーの理解を得易い。
- 自然災害時におけるヘリコプターテレビによる被災現場や事故現場、紛争現場のリアルタイムの状況の把握は他に勝る。
- コンピュータを活用することにより、地図情報や地点ごとの各種関連情報を組み合わせることでより高度の情報を組み立てることが可能。
- 現代におけるインテリジェンス手段の主流となりつつある。
- コストがかかる。
- 地球空間情報（GEOINT：Geospacial Intelligence）として画像情報と区別する分類もある。

〈例〉
- 各種自然災害時のヘリコプターテレビの活用。
- 東日本大震災での津波被害の状況を衛星写真で分析。
- 無人航空機による福島第一原子力発電所の津波被害の状況、各原子炉の爆発の状況の把握。
- 遠隔操作のロボットテレビによる原子炉建屋内部の状況の把握。
- 衛星による各国の軍事施設の状況の把握。

事例33◆衛星及び無人航空機のインテリジェンス活動

　東京電力福島第一電子力発電所の事故に際しては、爆発してしまった原子炉建屋の上空は放射線量が高く、原子炉の被害状況や放射線量、原子炉建屋の温度を知ることが原子炉本体および使用済み燃料プールの核燃料物質の状況を知る上で極めて重要であったが、なかなか接近することが困難であった。このため、無人航空機や衛星によるこれらの状況の把握が沿岸の津波被害状況の把握と併せて極めて有効であった。
　同様に、建屋内部の状況もロボットによる撮影が極めて有効であった。
　これは、次項で述べる原子炉建屋およびその周辺での計測においても同様であった。

　(イ)　計測情報（MASINT：Measurement and Signature Intelligence）

　熱、振動、化学組成、大きさ、位置等の計測可能な情報を計測することにより得られる情報

〈特徴〉
・衛星、航空機に搭載された機器や地上からの機器による測定によ

り遠隔地あるいは広範囲での出来事に関する情報を得ることができる。
・遠隔地の情報を入手できるが、コストがかかる。

> 〈例〉
> ● 上空からの福島原子力発電所の各原子炉建屋の温度の計測。
> ● 福島周辺における航空モニタリングによる地上の放射線量の計測。
> ● 位置情報衛星による地上の位置変化の計測〜地震、火山噴火の前兆。
> ● 地震波の測定による核実験の認知。
> ● 大気サンプリングによる核実験の認知。
> ● 早期警戒衛星からの熱源探知によるミサイル発射の認知。
> ● 津波の計測（遠隔地の洋上での計測）。

　(ウ)　信号情報（SIGINT：Signals Intelligence）
大別すると、

　・通信情報（COMINT：Communication Intelligence）
　・電子情報（ELINT：Electronic Intelligence）
　・音響情報（ACINT：Acoustic Intelligence）

の三つに分けられる。
　いずれも電波、電磁波、音波を傍受することにより発信源の特定やその情報内容を分析して対象の姿、位置や数、通信内容を知ろうとするものである。
　この中では、通信情報の傍受が重要である。

〈特徴〉
　・20世紀以降におけるインテリジェンスの主流。
　・対象の意図、計画、予定まで知ることができる。
　・暗号通信となっていることが多い。

4　クライシスマネジメントの実際

・自然災害では活用されることは少ないが、近年、災害時に携帯電話の位置情報や通信情報を活用して、人々の動きを知ることが可能となりつつある。

(エ)　人的情報（HUMINT：Human Intelligence）

文字通り人間を通じて入手される情報であり、対象国内、対象組織内の人物からあるいはその周辺者で対象の内情に詳しい人物から得る情報。古来からの伝統的手法。

〈特徴〉
・対象の意図、計画、裏事情、弱点、課題まで知ることができる。
・情報源の獲得、維持が困難なことが多い。
・外交官等の通常の情報活動もこれに含まれる。
・将来にわたって有効な手法だが、自然災害で活用されることはない。

(オ)　公開情報（OSINT：Open Source Intelligence）

新聞、雑誌、テレビ、ラジオ、インターネット等の公開された情報から得られる情報。

〈特徴〉
・インテリジェンス源の中で最も多い情報源。
・必要とされる情報の九割以上がこの公開情報から得ることができると言われる。
・大量の情報の中から必要又は重要な情報を抽出する作業が重要。
・自然災害では活用できる場面は限られているが、政府が得ていない情報を報道により知ることは多い。

〈例〉
●東日本大震災におけるテレビ各社の被災地の映像
●東日本大震災の津波により孤立した集落の情報

以上が主なインテリジェンス情報の種類であるが、危機に際してはいかに早くこれらの情報を入手して、危機の予知、予防、回避、拡大防止に活用するかが重要な課題となる。

エ　我が国のインテリジェンス機関

我が国にもインテリジェンス機関は存在する。米国のCIAやNSAのような巨大な組織は存在しないし、英国や独、仏のように対外情報を専門にする機関も存在しない。

わずかに、外務省、防衛省、警察庁、公安調査庁等の省庁のほか、これらの省庁の情報を取りまとめる組織で、自らも多少の情報活動を行っている機関として内閣情報調査室が存在する。当然ながら外務省は外交活動を通じて、また、防衛省は自衛隊の活動の中で対外情報の収集に当たっている。

また、警察と公安調査庁は国内の治安維持活動のため、国内での情報活動及びこれに関連する形での対外的な情報活動を行っている。

また、近年、内閣情報調査室に設置された内閣衛星情報センターは、衛星によるIMINT活動を行い始めた。

ただ、いずれのインテリジェンス機関も、国内での情報活動は別として、対外的な情報活動は、諸外国とりわけ先進諸国と比べても著しく脆弱と言える。

我が国が対外的な危機を迎える事態になったとき、十分なインテリジェンス機関を保持していないことは、対象の意図、計画、内情を知ることに困難を来たし、そのことが相手の意図の読み違えや相手の言動に過剰反応を引き起こす原因となる可能性をはらんでいる。

また、対外的な情報分析に当たっても、複数の機関がこれに当たることは、一面的な分析に偏る危険性を防ぐことにも繋がる。

現在、我が国においては、いわゆる日本版NSCと言われる国家安全保障会議が設置され、活動を開始することとなったが、国家の安全保

障上、国外におけるインテリジェンス活動を行う機関を設置することも、国家の安全保障上の判断を行う上でも極めて有意義なことである。

とりわけ政策決定者に、一切の政策的判断を加えずに、丁寧に分析されたインテリジェンス、言わば吟味分析されたファクトとしての情報を提供する機関の存在は、これまで政策のための情報収集を主として行ってきた我が国各省庁の情報活動とは大きく異なる活動であるため、国家の安全保障上も極めて役立つものと期待できるからである。政策遂行を行う省庁が、自らが期待する政策の遂行に有利な状況を作り出すために、中立的に分析されたというより、合目的的に加工分析された情報をインテリジェンスと称して政策決定者に提供するといったことは、我が国のみならず世界中において行われていることであるが、それは、一方で中立的なファクトとしてのインテリジェンスの提供とは言い難いものである。

そうした意味からも、我が国にもファクトとしてのインテリジェンスを政策決定者に提供できる対外的な情報機関の設置が急がれる所以である。

オ 報告システム

先に述べたように、危機が発生したときにいち早くその情報を政府の危機管理の担当者及び政府中枢に報告するシステムの構築は重要であるが、情報を報告することと報告を受けることは必ずしも簡単なことではない。このため、様々な工夫が必要となる。

(ア) 報告する体制と報告を受ける体制

我が国の国の行政組織は、基本的には各省大臣の指揮下にあり、行政各部が入手した緊急事態発生の情報は、各省大臣に報告されることとなっており、原則的には、事案が発生した現地の行政機関から、一旦、各省大臣に報告された後、政府中枢に報告が上がることとなる。

事案を認知した現地の行政機関は、これを中央の行政機関に報告することとなるが、中央の行政機関で常にこの報告を受理できる体制をとっている役所は限られている。

　通常から24時間体制で勤務を行っている警察、自衛隊、海上保安庁及び海外の在外公館を有する外務省では、それぞれの中央組織にあっても24時間体制でこれを受け付ける当直体制が取られているが、その他の省庁ではこうした体制が必ずしも取られていない。

　例えば、深夜又は休日にハイジャック事件が発生した場合、国土交通省にはこの情報を受付け、関係方面に伝達する当直要員はいない。このため、深夜や休日にハイジャック信号を受信した管制官は、国土交通省航空局の担当者の自宅の電話又は携帯電話の番号を探すこととなる。

　各省庁においては、重要事案の緊急報告要領を定めているが、現場に対しては報告を励行させていても、これを受け付ける体制の方が不十分な場合が多い。

　突発事案や緊急重大事案が発生する可能性がある官庁では、発生の頻度は低いとしてもこうした報告を受け付ける体制の早急な整備が望まれる。

事例34◆中央自動車道笹子トンネル天井板落下事故における国土交通省の体制

　平成24年12月2日午前8時5分頃、中央自動車道笹子トンネル内のコンクリート製の天井板が突然落下し、トンネル内を走行中の自動車多数がその下敷きとなり、死者9名負傷者2名を出すという、死者数では我が国高速道路史上最大の事故が発生した。事故を危うく逃れた通行者等からの通報によりこれを認知した警察、消防を通じて、午前9時前には内閣官房の内閣情報集約センターに事案発生の報告が行

われたが、道路事故を管轄する国土交通省からは、午前中には何の報告も行われなかった。

　国土交通省では、24時間体制で勤務している海上保安庁及び気象庁を除けば、現場では24時間勤務している航空管制官を所掌する航空局も含めて、本省における職員の当直体制は、警備員を除けば存在せず、中央道を管理する事業者から報告を受ける体制も、報告に基づき直ちに初動活動を行う体制も整備されていないためである。

　このため、深夜、休日のハイジャックや重大な鉄道事故、航空機事故、船舶事故等の緊急事態に対して即応する体制がなく、重大な緊急事態が発生した場合の初動体制に課題があり、かねてより指摘されていたところであるが、事故当時、依然改善されていなかった。

中央高速道路笹子トンネルにおける天井版落下事故（平成24年12月）
（中日本高速道路㈱提供）

(イ) 内閣情報集約センター

　阪神淡路大震災の教訓などを踏まえ、内閣では24時間体制で、緊急事態が発生した場合の第一報を受付け、これを必要に応じて総理大臣をはじめ関係方面に直ちに連絡、報告するための「内閣情報集約センター」を総理官邸の地下に設置している。

　内閣情報集約センターでは、各行政機関、報道機関、電力会社や鉄道、航空会社などの公共機関から、24時間体制で情報を報告してもらう体制を構築しており、センターの職員は交替制でこれらの情報を受付けるとともに、情報の評価や危機管理の担当者に報告すべきかどうかの判断を行っている。

　総理官邸の地下には、同じ階に「内閣危機管理センター」が置かれている。また、後に述べるが、ここは、緊急事態が発生した場合、総理大臣以下の内閣の閣僚や幹部が事態対処に当たるところである。通常時は、情報集約センターと同じく24時間体制で内閣の危機管理担当の職員が常駐しており、情報集約センターの職員が受理した緊急事

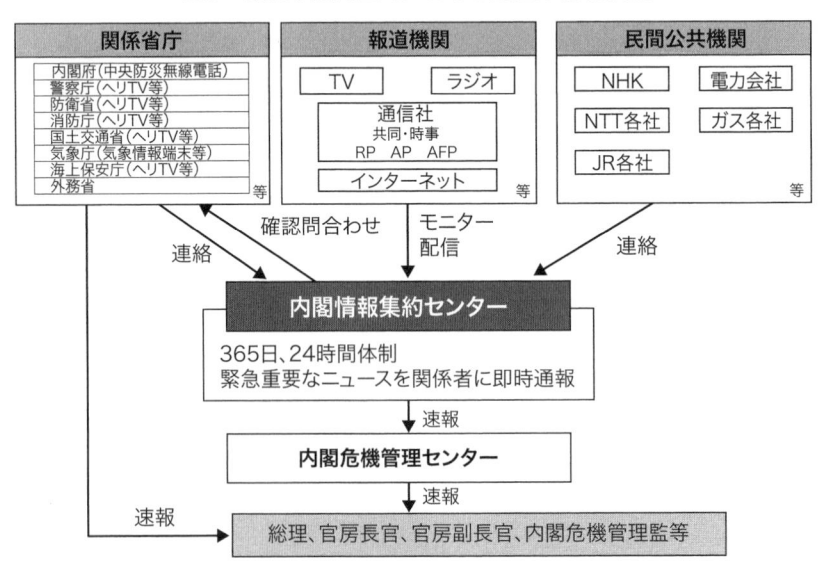

図5　緊急事態発生時における迅速な情報収集

関係省庁	報道機関	民間公共機関
内閣府（中央防災無線電話） 警察庁（ヘリTV等） 防衛省（ヘリTV等） 消防庁（ヘリTV等） 国土交通省（ヘリTV等） 気象庁（気象情報端末等） 海上保安庁（ヘリTV等） 外務省　　　　　　　　　等	TV　　ラジオ 通信社 共同・時事 RP　AP　AFP インターネット　　等	NHK　　電力会社 NTT各社　ガス各社 JR各社 　　　　　　　　等

連絡　　確認問合わせ　モニター配信　　連絡

→ 内閣情報集約センター
365日、24時間体制
緊急重要なニュースを関係者に即時通報

速報 → 内閣危機管理センター

速報 → 総理、官房長官、官房副長官、内閣危機管理監等

態に関する情報の価値判断、報告及び連絡先の判断、緊急事態発生の場合の要員の呼び出し、続報の確認、会議開催の準備、マスコミへの報道内容の検討など緊急事態発生の際の初動措置を担当している。

　緊急事態発生時の内閣情報集約センター及び内閣危機管理センターの情報の流れを図示すると図5の通りである。

　　(ウ)　情報要求〜情報は待っていても来ない〜

　情報は待ちの姿勢では来ない。日頃から報告してほしい情報を求める姿勢が必要である。情報関心を常に示すということである。このような情報がほしい、このような情報があれば断片的なものでもよいので報告してほしいということを常に情報の出し手に示しておくことが重要である。情報の出し手も受け手に喜ばれる情報を出してこそ、情報報告の意義を見出せるものである。情報の出し手は、常に、自分が報告した情報が受け手の役に立っているかどうかが気になるものである。

　情報は、基本的には六何の原則（誰が、何を、何時、何処で、何故、どのように＝Who・What・When・Where・Why・How）から成り立つが、これを求めるあまり、六何の原則を充足する精緻な情報ばかりを要求してはならない。

　緊急時の情報は、巧遅より拙速の方が尊ばれる。緊急時の情報は、間違いが多いことを心得る必要がある。何よりも早いことが重要である。いくら正しい情報も事が終わってからでは何の役にも立たない。正に、喧嘩過ぎての棒千切りである。

　特に急がれるのは、悪い情報である。とんでもないことが起きた、事態が悪化している、対応に失敗した、より危機が深刻化している、危機の連鎖が始まったなどの新たな対応を迫られる情報ほど早く知る必要がある情報である。

　一方、よい結果となった情報は、急がなくてもよい。対応が必要なくなったとの話であり、しっかりと間違いないか確認してから報告が

なされる必要がある。事案が終了したと思ったものが、実は、まだ終わっていなかったという事態は、一旦、危機に対応するための体制を解除しているため、深刻な結果をもたらすことがある。剣道で言う「残心」の姿勢が重要である。

> **事例35◆報告における拙速と巧遅**
>
> 　筆者が千葉県警察の警備部長をしていたときのことであるが、あるとき成田空港周辺において極左暴力集団のデモ警備をしていた機動隊から「デモ隊が暴れだし機動隊員が何人か暴行を受けているため検挙活動に入っている」との一報を受けたがその後何の音沙汰もない。続報を求めても満足な報告もなく、相当時間がたってやっと報告があったが、結果は、デモ隊のほうが優勢で検挙活動に入ったもののことごとく失敗して一人の検挙もなく、何人かの機動隊員が暴行を受けたまま、デモ隊はいなくなったというものであった。早めに応援部隊の要請があれば対応できた事案であるが、自分たちで何とか対処しようとして情報を上げずに、結果としてうまくいかなかった事案であった。
> 　後で事情を聞くと、事案が動いていたので正確に報告しようとして、結局、報告が遅れ、事態に間に合う報告ができなかったとのことであった。巧遅より拙速が尊ばれる事態であった。

② 必要な情報の選択
ア 限られた情報からの判断〜必要な情報がいつも得られるわけではない〜

緊急事態が発生した場合、通常、情報は不足している。

第一報は、物事の全体像を示すものは少ない。

例えば、大きな地震が発生した場合においても、地震発生地にいる当事者と地震の発生情報を受けて国家的に危機対応を行うべき者がそ

れぞれ離れた場所にいる場合においては、地震発生当初のそれぞれの受け止め方は情報手段が発達した現代においても大きく異なることがある。

まず、地震の発生地にいる当事者は、事態の渦中にあり、何が発生しているのかは自分の身の回り以外のことはつかめず、一方、国の情報集約に当たる担当者或いは危機管理に当たる担当者も遠隔地にいる故に報告や一般の報道以外にこれを把握する方法はない。

通常、事態の中心にいる当事者は、このような場合も含め、以下の三つの理由で報告ができないことが多い。

一つは、事案の中心にいるためそれ以外の事態の全貌は知ることができない。

二つは、事態の対応や収拾に追われて報告する余裕がない。

三つは、報告するための通信設備などの報告手段や通信そのものが壊滅している。

このいずれの場合も、中央の情報収集の担当者あるいは危機管理担当者は、断片的情報しか入手できないことになる。

このため、中央の担当者は、各方面の断片的情報から事態の全体像を把握するよう努めることとなるが、いずれも断片的であり、中には相反する情報であったり、明らかに情報自体が信じ難く矛盾するものであったりと事態が大きければ大きいほど多方面かつ相互に混乱した情報となる。

ここで気を付けなければならないことの一つは、最も被害の大きなところからは通常、情報は来ないということである。

すなわち、緊急事態の発生により、その発生地が壊滅していたり、通信手段が失われたりすることも多く、相当時間が経ってから初めて被災地の状況が分かるということがある。

事例36◆不正確な当初の情報

　平成7年（1995年）1月16日、午前5時46分に地震が発生、5時55分に、気象庁は、震度5と発表。その後6時13分に、神戸で震度6を追加発表した。

　筆者の記憶によれば、NHKの午前6時台の報道及び午前7時のニュースでは、地震の発生は報じたものの、NHK神戸放送局周辺の映像を流すのみで、どの程度の大きな地震であるかの報道はなく、むしろ、現地の様子は平穏との印象を与える報道であった。ただ、その後、映像はなかったものの、高速道路が倒壊した模様との報道があり、現地で何か重大な事態が起きているとの印象を与える初めての報道となった。また、全体的には、神戸周辺よりも被害情報のよく入った淡路島の方が被害が大きいとの印象を与える報道であった。

　現地の兵庫県警察に問い合わせても、当初は、当直の職員以外は登庁しておらず、大きな揺れがあったということと停電しており情報がないと言うのみで全体の様子がつかめない状況であった。隣の大阪府警察においても、停電と交通機関の不通のため、職員もおらず状況が

阪神・淡路大震災時の高速道路倒壊の状況（平成7年1月）
（警察庁提供）

つかめないという意味では、当初は、兵庫県と同様の状況であった。
　神戸を中心とする地域の被害が甚大なものであろうとの状況は、ヘリコプターからの映像により、多数のビルや家屋及び高速道路の倒壊、また、火災が発生していることが映し出されてから初めて判明したと言ってよい。これは、地震発生後3時間以上経ってからのことである。

事例37◆新潟県中越地震時の山古志村の被害情報

　平成16年（2004年）10月23日、新潟県中越地震が発生した際、長岡市を中心とする地域の被害状況の報告は、各防災機関を通じて数多く入って来ていたが、山古志村（当時）に被害状況はなかなか分からないままであった。

　これは、山古志村へ通じるすべての道路が通行不能であったことや、山古志村との通信手段もほぼすべて通信不能となっていたため、山古志村の被害状況を把握することができなかったからである。山古志村の震度は、震度計が壊れてしまったため判定不能であるが、震度6強以上と推定されており、その被害の大きさが判明したのは、夜が明けた地震の翌日にヘリコプターで状況が確認できるようになってからであった。

新潟中越地震〜信濃川沿いの山崩れ
（毎日新聞社提供）

事例38◆東日本大震災時の津波警報と被害情報

　平成23年3月11日に発生した東北地方太平洋沖地震の際、気象庁は、地震発生3分後の14時49分、宮城県に高さ6メートル、岩手県及び福島県に高さ3メートルの大津波警報を発令した。その後、15時14分に、宮城県に高さ10メートル以上、岩手県及び福島県に高さ6メートルの大津波警報を発令した。更に、15時30分には、岩手県、福島県に加え、茨城県及び千葉県九十九里、外房に高さ10メートル以上の大津波警報を発令した。また、16時08分には、青森県太平洋沿岸に高さ10メートル以上、北海道太平洋沿岸中部に高さ8メートルの大津波警報を発令したほか、各地の津波警報は、時間とともに次第に波の高さの高い警報となって行った。このことは、当初の情報しか聞くことのできなかった人々にとっては、かえって有害な警報となった意味がある。当初の情報は不正確との前提で警報を出す必要があり、気象庁は、そうした観点もあり、その後平成25年（2013年）3月、大津波警報の当初の発令方法を改めることとなった。

東北地方太平洋沖地震における津波襲来の状況（平成23年3月、陸前高田市）
（警察庁提供）

また、地震及び津波による被害の状況も、地震発生直後は、全貌を示す具体的なものは何もない状況であったが、被害が各地に及んだため、政府には膨大な数の情報が報告され始め、その集約だけでも大量の業務量となり、その積み上げだけでは、全体像を把握することは困難であった。ただ、津波の状況を示したヘリコプターテレビの映像は、被害の全貌を推測させるに十分なものであったため、むしろ、被害報告のない地域の方が、被害が大きいことを推定させるものとなった。

イ　情報関心〜全体像のイメージと不足する情報への関心
(ア)　断片的情報からの全体像の組み立て
　緊急事態の発生に際し、十分な情報が集まらず、断片的情報を組み立てて全体像をつかもうとするとき、集まった情報だけでは全体像を結ぶことができないことは往々にしてある。

　このため、断片的情報から考えられる全体像をイメージしていくしかないが、そのためにもやはり、全体像を結ぶために必要な情報、いわば、欠けたピースを求める作業が必要である。全体像を描くにはイマジネーションが必要であり、イマジネーションに基づいて情報が足りないと感じるのが情報関心であり、その足りない情報を求めるのが情報要求と呼ばれるものである。

　それまでに入手できた断片的情報から得られた起こり得る事態の想定を行うことと、その想定に基づく情報要求が重要となる。できるだけ短期間に、集められる情報をできるだけ多く集めることが事案の全体像をイメージする上で重要となる。

　全体像のイメージを持ち、そのイメージに確信を持つことは、次のオペレーションの準備の上でも有効となる。

(イ) 「まさか」ではなく「もしや」の発想

その場合においては、「まさか」ではなく、「もしや」の発想が重要である。

だが、通常は、こういう情報が来たが、「まさか『○○』ではないだろう」と、滅多に起きない、あるいは起きてほしくない最悪の事態である『○○』が起きているはずはないだろうと人は楽観的に考えたくなるものである。

なぜなら、

・そんなことは滅多に起きないから、きっと起きてはいないだろう
・そうはなりたくないし、そんなことが起きたら大変だ。もしそうなら、こんなにのんびり構えてはいられない
・現在得られている情報では、そんなことが起きたという確定的なものは何もない
・あわてず状況がはっきりするまで事態の推移を見守るのが最善だと考えるのが通常だからである。

異常事態に遭遇した場合のいわゆる「正常化バイアス」といわれる心理的判断が働くことが多いからである。

しかし、この判断こそが最悪の事態発生の場合の初動を大きく遅らせる結果となるのである。それゆえ、断片的情報しかない場合であっても、そこから考えられる「もしや最悪の『○○』が起きているのでは」と考えて次の手を打つ準備をすることが、初動体制の早期立ち上がりに大きな意味を持つこととなるのである。

事例39◆口蹄疫発生時の初動対応

平成22年4月、宮崎県において口蹄疫が発生、同年7月に終息確認までの間に、牛、豚、水牛等合計28万頭以上の家畜を殺処分する結果となったが、その当初における宮崎県の対応は、極めて不十分であり、被害を拡大する結果となった。

当初、3月末、宮崎県都農町の水牛飼育農家から水牛の下痢につい

て相談を受けた獣医は、県の家畜保健衛生所に検査を依頼したが、通常の口蹄疫に典型的に見られる症状がなかった一方、下痢の原因となる他のウィルスや菌も見つからず、下痢も収まったということで口蹄疫のウィルス検査も行われないまま、口蹄疫とは診断されなかった。

次いで4月9日、同じ都農町の別の農家の口腔びらんの見られた和牛を診断した獣医師から病性鑑定を依頼された県の家畜保健衛生所の獣医師は、一頭しか症状が出ていないことなどから経過観察とした。

4月16日、再度、同じ農場から同じ症状の牛がいるとの報告があり、翌17日、立ち入り検査を行いさらに2頭に同様の症状を確認したが、複数の異常畜を発見した場合は、農林水産省に至急連絡することとなっているにもかかわらず、口蹄疫のウィルス検査を行うことのできる農林水産省に報告することなく、独自に病性検査を実施した。その結果、病気の原因不明のため、19日になって農林水産省に検体を送付するとともに報告。農林水産省での検査により、20日になって初めて口蹄疫と判明した。

最初の検査依頼から20日以上、二度目の依頼からも10日以上経ってからの口蹄疫のウィルス検査となってしまったことが、被害拡大の大きな原因と指摘されている。その期間、何も対策が行われなかった間に、口蹄疫は猛烈な勢いで感染を広げたと見られるからである。

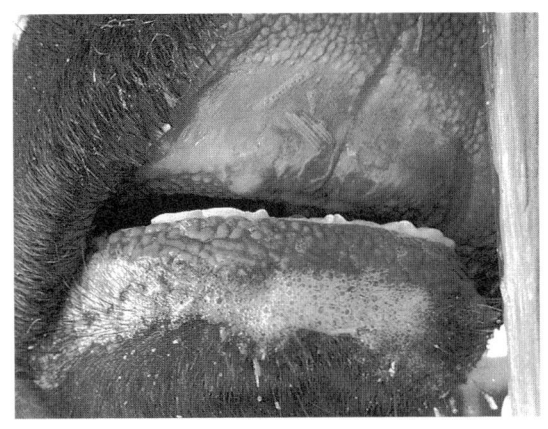

口蹄疫に罹患した牛の症状（典型的びらんの状況）
（農林水産省提供）

(ウ)　大量の情報からの判断

　また、一方では事案が大きくなると事態の大きさを告げるように大量の情報が報告され始める。その中から重要な情報とそうでない情報を瞬時に選り分け必要な情報を抽出する作業は決して簡単なものではない。

　情報の分析に当たる時間的余裕がないことも多く、危機管理担当者の日頃からの経験とイマジネーションにより判断していく以外にない。もちろん、当該事象の専門家による情報の意味の解釈を参考にしていくことは重要である。

　この場合において、先端科学技術を用いて大量の情報を事項ごとに分類整理することが可能となるシステムや情報を大勢が容易に共有できるシステムなども複数の人数が分担して情報の判断を行っていく場合などに有用であり、今後の技術開発が望まれる。

事例40◆一日に紙数十センチの厚さの情報が報告される

　福島第一原子力発電所の事故が発生した際、政府の内閣危機管理センターには、東京電力、原子力安全・保安院、原子力安全委員会及び文部科学省をはじめ各省庁から大量の情報が届けられたが、特に専門的な解釈や解説を要する情報については、専門家の解説や情報の価値についての注釈が必要であったが、現実には数値を羅列した情報がその意味する内容の説明もなしに報告され、これを受け取ったそれぞれの省庁の担当官もよく意味を理解できないままただただ幹部に報告するといった事態が生じた。その量は、紙ベースで一日数十センチの厚さに達しており、事態の進行状況を把握するに当たっては、専門家の解説なしには困難であった。

4 クライシスマネジメントの実際

事例41◆各地からの大量の情報

　東日本大震災の発生時には、被害が広範囲に広がっていたこともあり、政府の内閣危機管理センターには各地から膨大な量の被害報告や救援依頼の要請が殺到した。それらの情報は複数の省庁や機関から報告されてくるため、同一の事態についての情報が複数の機関から、あるいは時間差をおいて、また、既に手当て済みの要請に対して、新たな形で時間をおいて他の機関から要請がなされるといった状況の中で情報が集まってくることとなる。

　このため、新たに報告される情報が真に新たな情報なのか既に報告された情報が新たな形で再度報告されているのかを見分けることが必要となる。とりわけ、政治家からの地元の案件についての要請や情報提供は、声ばかり大きいものの、内容的には、鮮度の古いものであったり、既に手当て済みのものであったり、優先順位の低いものを優先的に処理するよう要望するものであったりと問題の多いものが多かった。

　こうした大量の情報を、瞬時に、かつ、的確に情報の重要性、緊急性、優先度合いを考慮しつつ価値判断していくためには、長年の経験と危機管理の基本を踏まえておくことが重要となる。

③　迅速な事態把握と判断
ア　情報の意味を見抜く力〜分析能力

　断片的情報又は大量の情報の中から何が起きているのか、何が起ころうとしているのかの正確な事態が把握できない中で、次の手を打つためには、とにかく何らかの判断を行う必要がある。

　情報が示唆しているものが、重大な事態である可能性がある場合は、その判断は急がれる。更なる情報要求と相矛盾する情報の確認は当然行うとしても、とりあえずは、起こるであろう、あるいは、起きているのであろう事態に対する初動活動の準備が重要となる。

そこで大事なことは、情報を待つことなく早急に取りに行くことである。次の報告を待って判断しよう、事態の推移をもう少し見てから判断するのでも遅くないだろうとの判断の一瞬の遅れが、後で取り返しのつかない遅れとなることは往々にしてあるのである。一方、情報を取りに行こうとしても情報が来ないことは十分ありうる。
　それでも一定の判断をする必要はある。
　情報が少ない場合、情報が不正確であると考えられる場合、情報源がそもそも信頼に足るものではない場合、情報が通常のルートとは異なるところからもたらされる場合、情報が相矛盾する場合など十分な情報が得られないことは常に考えられるが、その場合にあっても何が起きているかの判断と判断に基づく必要な初動活動の着手をはじめ事態対処のための決断が求められる。
　その決断は、通常時と異なり、限られた情報の下での判断の結果であるため、間違いが多くなるが、これは止むを得ないと考えなければならない。
　その場合、間違いを恐れて判断を遅らせることによるマイナスは、通常、間違いの結果生じるマイナスよりも大きいことが普通である。
　なぜなら、間違った判断の下行ってしまうことによるマイナスは、結果的に空振りとなった体制の構築、資機材、人員の動員程度であり、それも訓練の一つと考えれば、その誤った判断をそれほどとがめだてすることではないからである。もちろん、これが度重なるようであれば、いわゆる「狼少年」のようなマイナス面は出てくることは避けられない。
　しかし、クライシスマネジメントの経験に乏しい担当者の場合、特に我が国の官僚の場合は、極端に失敗を恐れるため、確かなことが判明してから判断しようとして、結果的により大きな失敗を犯してしまうことがある。
　こうした失敗を防ぐためには、常に減点主義で役人を評価するのではなく、成果主義を評価に取り入れることも重要となろう。危機に対

処することの多いクライシスマネジメントに慣れた官庁においては、こうした評価も行われているものの、通常業務がほとんどの官庁においては、なかなか行われておらず、訓練や教育を通じてこうした判断の重要性を学んでいくことが重要となる。

事例42◆情報の確認による判断の遅れ

　護衛艦「あたご」が我が国領海内の豊後水道付近で、潜望鏡を水面に出して潜没して航行する国籍不明の潜水艦を発見した際、これが我が国海上自衛隊の潜水艦か米国若しくはそれ以外の外国の潜水艦であるかの判断を迅速に行うことは極めて重要なことである。

　外国の潜水艦である場合、正に領海侵犯事案であり、それも潜水艦（軍事目的以外にはあり得ない。）が潜没しての領海侵犯事案という極めて重大な国際問題である。護衛艦において判断できることは、潜水艦であるかどうかだけであり（そのことは潜望鏡の視認とソナーによる探索で判明済み）、後はどこの国の潜水艦であるかだけであり、これは、中央の自衛艦隊司令部においてでしか判断はできないことである。

　そのため、直ちに中央に報告して状況を確認すべきであり、言わば情報を取りに行くことが重要となる。これは言うまでもなく領海内で国籍不明の潜水艦を発見した場合の手順である。

　しかし、中央への報告は大幅に遅れた。あまりに重大な事態に突然直面して、状況の更なる確認を行い確実に事実を把握しようとしたのかどうかは不明だが、事態の重大さを前にして、何が起きているのかの情報確認に手間どり、判断に遅れがあったことは事実であろう。

　この結果、自衛隊の総力を挙げた迅速な潜水艦の探索は行われず、自衛隊に対する海上警備行動の発令もなされることはなかった。時間が徒過した後にようやく外国の潜水艦と判明してから間もなく、「あたご」は、当該潜水艦を失尾してしまう結果となった。

イ　緊急時にあっては一瞬の判断～分析の余裕はないことが多い～

　平常時、インテリジェンスの機能は、収集、分析、判断、政策への反映そして更なる情報要求という形で機能して行くことが通常であるが、緊急時においてはこのサイクルの時間は極めて短く、一瞬とも言える時間内にこのサイクル行為を行うことを求められることが多い。すなわち、収集と分析、とりわけ分析の時間がないことが多い。

　分析の余裕のない中での判断は、間違いも多くなることは先程も述べたが、判断をより正しく行うための特別の手段は用意されているわけではなく、分析、判断、政策決定を行う危機管理担当者の経験とイマジネーションにかかっている。

　しかしここで大事なことは、間違いを恐れず正しいと思う判断を行うことであろう。クライシスマネジメントにあっては、経験はなかなか積むことは困難であるが、訓練により経験に代わるものを学びイマジネーションを高める努力をして行く以外にはない。

事例43◆東日本大震災における被害想定と緊急災害対策本部

　平成23年3月11日午後2時46分、東北地方の太平洋沖で地震が発生した際、総理官邸にいた筆者は、気象庁からの震度7との通報を受け、直ちに関係省庁からの要員の召集を行い、官邸地下の危機管理センターに駆けつけるとともに、地震の状況と津波の発生状況について更なる情報を求めた。

　地震発生当初には被害情報は報告されないものの、地震の規模が大きく震度が7であることと津波が当初6メートル以上と予想されていた（その後10メートル以上と訂正された）ことから、大きな被害が予想されたため、事態を災害対策基本法における最大級の政府の体制である緊急災害対策本部事案であると判断し、その旨を相次いで危機

4 クライシスマネジメントの実際

管理センターに下りてきた官房長官及び総理大臣に説明し、緊急災害対策本部の設置の了解を得た。

その結果、直ちに全閣僚の総理官邸への参集を求め、災害対策基本法制定後初の緊急災害対策本部の設置を決定するための閣議は、地震発生28分後の15時14分には開催され、緊急災害対策本部の設置が決定した（図6参照）。

図6　3月11日　東北地方太平洋沖地震発生時の初動対処

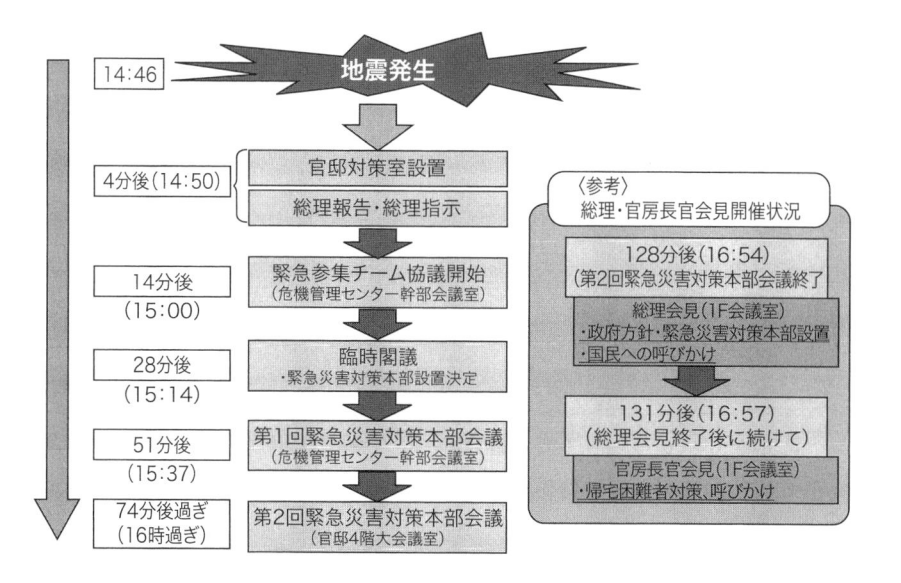

```
                        地震発生
14:46

4分後(14:50)    官邸対策室設置              〈参考〉
                総理報告・総理指示           総理・官房長官会見開催状況

14分後          緊急参集チーム協議開始       128分後(16:54)
(15:00)         (危機管理センター幹部会議室)  (第2回緊急災害対策本部会議終了)

                                            総理会見(1F会議室)
28分後          臨時閣議                    ・政府方針・緊急災害対策本部設置
(15:14)         ・緊急災害対策本部設置決定   ・国民への呼びかけ

51分後          第1回緊急災害対策本部会議   131分後(16:57)
(15:37)         (危機管理センター幹部会議室) (総理会見終了後に続けて)

74分後過ぎ      第2回緊急災害対策本部会議   官房長官会見(1F会議室)
(16時過ぎ)      (官邸4階大会議室)          ・帰宅困難者対策、呼びかけ
```

(2) 事態進展の予測

① 事態の性格の把握

ある程度どのような事態が起きているかの見極めがついた場合において、それがどのような性格の事態であるかを判断することが重要である。

これは、事態の性格に応じて、どのような体制で対応に当たるかを判断することが求められるからであり、言い換えれば、事態の性格を判断することが、初動体制を立ち上げる上での重要な要素となるからである。

例えば、爆発が町なかで発生した場合に、それが事故による爆発なのか、テロなどの事件による爆発なのかを見極める作業は、極めて重要である。言うまでもないことであるが、事故の場合は一過性のものがほとんどであり、現場での同種の爆発が引き続き起こらないかを判断するだけでよいが、テロなどの事件であれば、連続的に違う場所で同種、或いは異なるタイプの事件が起こる可能性は高いと見て対応する必要があるほか、犯人像の推定、犯人の検挙、再発防止対策等も直ちに取り掛かることが必要となるからである。

しかし、事案発生当初は、この判断は直ちには困難であることが多く、既に述べたように、基本的には、より重大かつ困難な事案が発生したとの前提で、当初の体制を立ち上げる必要がある。

事例44◆三菱重工ビル爆破事件

昭和49年（1974年）8月30日、東京都千代田区丸の内の三菱重工本社ビル玄関付近において、突然大音響とともに大爆発が起き、ビルの玄関、ロビー付近は粉々に吹き飛ばされ、ビル前路上の車両も何台かが大破した。

爆発が大きかったことや、大破した車両にタクシーが含まれていたこと、それまで、三菱重工自体は政治的にテロのターゲットとは考えられていなかったことから、当初は、タンクローリー車の爆発であるとか、タクシーの燃料のプロパンボンベの爆発であろうとの観測もあったが、現場検証の結果、爆発物の設置による人為的な爆弾テロ事件であることが判明した。この事件では、爆発から程なくして現場の検分により事件

の性格は明らかとなり、事件発生直後から犯人の捜査が開始されるとともに同種事案の再発防止のための対策が取られ始めたが、事案発生当初は、事態の性格が不明な場合も多い。

三菱重工ビル爆破事件
（昭和49年9月）
（警察庁提供）

事例45◆元厚生事務次官等連続殺傷事件

　平成20年（2008年）11月18日午前、埼玉県下に住む元厚生事務次官夫妻が自宅で何者かに殺害されているのが発見された。犯行の原因や犯人像はまったく不明であり、夫妻には、特に恨みをかっているような人物の心当たりもないということで、物盗りの犯行の線も含めて捜査が開始された。当時、内閣危機管理監をしていた筆者は、この事件の発生を夕方の新聞報道で知ったが、事件の性格には特段気を止めずにいた。

　同日の夜、「本日夕刻、同じく元厚生事務次官で別の人物の自宅で何者かに夫人が襲われ刃物で刺された。」との通報が、既に退庁して

いた筆者のところにあった。筆者としては、たて続けに元厚生事務次官の自宅が二軒も襲われるという異常な事態に、単なる物取りの犯行や事件の偶然の連続といった通常の事件ではなく、何らかの厚生省に関係する事件であろうとの推測が成り立った。第三、第四の犯行も起こり得るし、通常の捜査だけでは更なる犯行を防ぐことはできないと。

　このため、夜間ではあったが再び登庁し、厚生労働省と連絡を取り、二人の元事務次官の関連性や共通性についての調査と、その結果に基づく更なる連続犯行のターゲットになり得る数十人の人物のリストアップを行い、警察庁に、当該リスト上の人物に対するその日のうちの警戒の呼びかけと、同夜からの警察官による自宅の24時間張り付き警戒を行うよう指示した。警視庁をはじめ首都圏の各県警察では、その夜の内から各自宅の張り付き警戒を始めた。

　その後、犯人像は不明のまま、更なる犯行の発生もなく数日が過ぎたが、11月22日夜、自分が犯人であると名乗る男が警視庁に自首、警察の調べにより、犯人であることが判明し、一連の事件の解決を見た。

　犯人の自供によれば、更なる第三の犯行を企てていたが、三件目の犯行のため元事務次官ではなかったが別の元厚生省幹部宅に行ってみると警察官が警戒をしていたので犯行を断念したこと、しかし、その後、再度別の日に犯行を行うべくもう一度元厚生省幹部宅に行ってみたところ、依然警戒が続いていたので今後更なる犯行は困難であると判断し、犯行を断念し自首するに至ったとのことである。

　事案の性格を読み間違えると第三の犯行は実行されていたと考えられ、事案の性格を判断することの重要性を教えられる事件であった。

> **事例46◆天然痘患者の発生**
>
> 　ある日、我が国のどこかで、世界的に撲滅宣言が出されている天然痘の患者がとある病院で突然発見されたとした場合、まず考えなければいけないのは何であろうか。
> 　どうして天然痘が再び発生したのか、患者は何処で感染したのか、他に患者はいないのであろうか、そもそも我が国では長年患者が発生していないのに、どこか外国では依然、天然痘は発生しているのであろうか。
> 　その答えは、「この天然痘の発生は、バイオテロである。」ということに尽きる。世界的に天然痘は撲滅されてから長い時間が経っており、再び自然発生的に発生することは考えられない。ただ、我が国以外の、米国をはじめ、特定の国の研究機関に、天然痘のウィルスは、研究のため厳重に保存されており、万が一、それが我が国で突然発生したとすれば、それは、事故によるウィルスの漏洩ではなく（そうであれば外国で先に患者が発見される。）、バイオテロ以外あり得ないという結論になる。
> 　言わば、事件の性格は、瞬時に分かるということになる。

② 最悪の事態の想定

　事態の性格がある程度判明した場合において、それがどの程度のものであるのか、あるいはどの程度の事態となるのかを判断して行くことは、これまた困難を伴うものである。

　地震や台風などのようにマグニチュードや気圧のような事態の規模を表す数値が一般化している場合は、ある程度事態の規模の見通しはできるが、地震や台風であってもこれが極めて規模の大きいケースで、例えばマグニチュード8.0の首都直下型地震が発生したとか、気圧890ヘクトパスカルの台風が首都を直撃しそうだと判明した場合には、的確な事態の見通しはできなくなるであろう。

こうした近代社会がいまだ未経験の事態に限らなくても、大津波警報であれ、火山の噴火開始といった情報であれ、通常の自然災害においても、それがどの程度の事態を引き起こすかの規模を見通すことは常に困難を伴うものである。
　ましてや、事態が人為的に行われる事案である場合には、行為者の意図、性格、力量等を見極めつつ事態の規模を見通していく作業を瞬時に行わなければならない。
　しかし、どのように正確に事態の見極めを行おうとしても人間が行う作業である以上、そこには限界がある。一方、正確に見極めることに必ずしも大きな価値を置くべきではない。
　大事なことは、なんとしても事態に対処することであり、必要最小限の体制、人員、資器材、費用で事態に対処することではない。このようなコストパフォーマンスを考える平時の発想は、緊急時の場合は捨象して考える必要がある。
　このため、行うべきことは、それまでに得られた所見の中で事態が最悪の事態であった場合を想定して、これに対応するための体制を作っていくことである。最悪に備えて、いわゆる「大きく構える」ことが重要となる。

事例47◆口蹄疫の発生時の対応

　宮崎県で異常な症状を示す牛や水牛の病性検査依頼が複数の農家の獣医師からあったにもかかわらず、典型的な口蹄疫の症状が見られないからとの理由で、他の病気との判断をするでもなく経過観察として、最悪の事態と想定しなかったことが事態の爆発的進行を許してしまったことは既に述べた。
　口蹄疫は、偶蹄類の家畜の病気としては極めて感染力が強く、一旦発生すれば甚大なる被害が出ることも予想される病気であり、当時、

我が国近隣の中国、韓国、台湾等で口蹄疫が流行しており、我が国への侵入が危惧されていた時期であること、過去、我が国で発生した口蹄疫は、十年前に同じ宮崎県で発生したことを考えれば、もしかすれば、病名の判明しない牛の症状は、口蹄疫によるものかもしれないとの疑いを持つべきであるが、最悪の事態を想定して行動に移すのではなく、逆に、より慎重に、事態を正確に把握しようとした対応が、極めて重大な取り返しのつかない事態を招いてしまう結果となった。

事例48◆最悪の事態の想定

　東京電力福島第一原子力発電所の事故が発生して3日後の平成23年3月14日の深夜、内閣危機管理監をしていた筆者は、経済産業大臣より「東京電力が原子力発電所から要員を第二原子力発電所に退避させたいと言ってきている」との連絡を受けた。居合わせた東京電力の社員に第一発電所から職員を第二発電所へ退避させるとどういうことが起こるのかを問いただすと、「第一発電所のすべての原子炉はメルトダウンを起こしてしまう上、第二発電所にもそのうち要員はいることができなくなり、第二発電所もいずれ放棄せざるを得ない。」との説明を受けた。

　言葉を変えれば、要員の退避とは、10基の原子炉の放棄と等しく、万が一そのような事態が起きれば拡散される放射性物質はとてつもない量となり、関東地方周辺から東北地方すべてにまで重篤な放射能汚染は拡大するという最悪の事態が想像される事態でもあったのである。想定したくない事態であったが、そのことを念頭に事案対策に当るほかなかった。

　結果的には、第一発電所の職員の決死的働きにより第一発電所からの撤退はなく、3基の原子炉のメルトダウンだけで事態はとりあえずの収拾に向かったのであった。

③　事態進展を見通した対応策の想定
ア　当面の危機への対応
(ア)　眼前の事態への対応

　事案が発生した場合、最悪の事態への対応を念頭に置きつつも、最初に行うべきことは、とりあえず、今すぐなすべきこと及び今すぐできることに着手することである。具体的には、要員、資器材の緊急動員やとりあえず分かっている事態に応急対処するための人員、資機材を手当てし、現場対応を行うことなどである。この場合においても、できるだけ素早い立ち上がりが求められており、いわば火事の際の初期消火の重要性と異なるところはない。

(イ)　危機の連鎖を見通す

　現在発生している当面の危機への対応だけで終わらないことがあることを、常に念頭に置くことが重要である。

　当面の危機を原因として発生する次なる危機が考えられないかを想定し、イマジネーションを働かせて、関連して次に発生するかもしれない危機の連鎖を見通していくことが重要である。危機管理担当者の経験と危機に即した想像力のある無しが問われることとなる。

　一方、こうしたイマジネーションに基づき、事態が最悪のケースを辿った場合も想定しておく必要がある。

事例49◆危機の連鎖に対するイマジネーションの欠如

　福島第一原子力発電所の事故が発生した際、東京電力、原子力安全・保安院及び原子力安全委員会では、原子炉の圧力容器の圧力及び温度が上昇している第一号機が危ないということで、1号機に対する注水やベントに全力を挙げて取り組んでいた。1号機の温度や圧力を早く下げてやらないと、水蒸気爆発やメルトダウンが起こるということであったが、実際に最初に起きた爆発は、水素爆発であり、そのことに当初から懸念が及んでいれば他に何か打つ手はなかったのか。

　また、爆発の危険はない安全は確保されたということで3号機の注水を行おうとしていた自衛隊員等が、3号機の突然の爆発で負傷し、あわや生命の危険に曝されたのは、3号機の危険性に考えが及ばなかったからではないのか。

　加えて、原子炉が定期点検中で核燃料棒も原子炉から取り出されおり、何の問題もないと考えられていた4号機が突然爆発したのは、原

福島第一原子力発電所3号機

(東京電力㈱提供)

> 子力発電所の構造上の問題に考えが及ばず、4号機の危険性のことは考えなくてよいと思っていたのではないか。
> 　更に、使用済み燃料プールの水が蒸発してしまった場合、むき出しで保管してある使用済み燃料こそがより危険な状況となることについては、事前に何の指摘もなかったのは、危機の連鎖についての考えがそこまで及ばなかったからではないか。
> 　福島第一原子力発電所の事故では、事前に、次はここが危ない、今度はあそこが危ないという指摘もないまま、次々と原子力発電所の緊急事態が発生し、危機は拡大していったが、これは、原子力関係者の、危機の発生に際しての危機の連鎖に対するイマジネーションの欠如を如実に示す事態と言えた。

イ　連続して発生するであろう次の危機への布石
(ア)　情報収集と対応策の検討
　発生した事態が進行して行く中、現在、何がどのように進展しつつあるのかという現状を示す新鮮な情報は、常に入手に努める必要がある。この場合、事態が更に悪化し次の新たなステージに進展していく可能性があるのかどうかを見通すための情報は、特に重要であり、積極的に収集して行くことが必要である。
　同時に、事態が新たなステージに進展する可能性がある場合は、進展する事態に応じた対応策を検討していくことが必要となる。
(イ)　次の危機の発生の防止策又は回避策の着手
　発生した危機が新たなステージの危機に向かいつつあることが予想される場合、それまでに検討してきた新たな危機のステージにおける対応策に基づき、次の対応策の準備を開始していくこととなる。この場合、不確実な見通しの下での決断を行う必要があり、高度の状況の読みとこれに基づく対応策選択の決断が必要となる。

事例50◆ハイジャック事案（9・11型ケース）

　2001年9月11日の世界貿易センターに対するテロ事件は、それまでと様相を大きく異にするハイジャック事件と言えた。それまでのハイジャック事件は、乗客、乗員の生命に対する危険と引き換えに、政治的要求や金銭、仲間の釈放などを要求するものであったが、9・11のケースでは、乗客、乗員に加え、ハイジャック犯もろともターゲットに向かって突入し、航空機を言わばターゲットに対するテロの破壊手段として利用するというものであり、被害は、航空機の乗客、乗員のみならず、新たなターゲットの人々、施設に及ぶこととなる。

　このため、ハイジャックが発生した場合、犯人の意図は、それまでの通常型のハイジャックなのか、それとも、9・11型の新たなターゲットを狙ったハイジャックなのかを判断する必要がある。

　9・11型のハイジャックの場合は、新たなターゲットの推定とそこにいる人々の避難、それが間に合わない場合で、かつ、ターゲットへの突入がある程度確実で撃墜が間に合う場合における航空機の撃墜、という新たな対応策も選択肢に入ってくる。

米国同時多発テロ・2機目が衝突（AFP=時事）

(ウ)　必要人員、資器材の動員準備

　事態がまだ次のステージに進展していない段階であっても、事態進展の見通しに基づき、事態の重大性に応じた対応策を実行するための必要人員、資機材の動員準備の予鈴を発する必要がある。

　現在のステージで収束する見通しが高い場合を除き、原則的には大きく構えることが重要である。また、大規模な人員、資器材の動員は、時間を要することが多いため、早め早めの準備が効果的であることは言うまでもない。

■例1　金融危機

　国家的な金融危機が発生した場合、それは単なる国家経済や国家財政の破綻に止まらず、経済や財政の破綻により引き起こされる新たな危機についても考慮していかねばならない。小規模な暴動、破壊行為に止まらず、組織的かつ大規模な暴動、破壊行為や国内の混乱に乗じた革命勢力の策動や外国からのこれに対する支援、更には、外国からの不当な要求、直接、間接の侵略行為など国内の人心の不安と混乱に乗じた危機の連鎖は、次々と想定される。

　金融危機発生時の対応策も、単に経済、財政面における対策だけでなく、これら様々な危機をも見据えた対策や価値判断が必要となる。

■例2　パンデミック

　感染力が強く、毒性の強い新たな感染症がパンデミックとなった場合、人々が感染症により死亡するというだけでなく、感染症に対する恐怖心から様々な行動に走ることを想定し、単に、感染症対策だけでなく、パニックに陥った人々の行動が引き起こす新たな危機の発生に対する対策も重要となる。

　様々なことが想定されるが、例えば、医療現場の崩壊、直ちには国

民全員分に行渡らないワクチン及び治療薬を求めての争奪戦、感染を恐れて自宅に引きこもることによる食料をはじめ生活必需品の生産、流通の不足、重要インフラの停止や部分的停止など、最悪の場合は、国民が生命を維持していくための最低限の活動すら維持されないことも懸念されるのである。

　様々な感染症対策を行うに当たっては、こうした危機の連鎖にも思いを致して対策を講じる必要がある。

■例3　テロの発生が重大な結果を引き起こしつつあり、警察力だけでは対応ができなくなる場合～自衛隊の治安出動

　国内でテロ事件が発生した場合において、テロの実行犯が強力な武器や火力を用いてテロ行為を継続している場合であって、被害が拡大しているとともに、特に、武器、火力の面において警察の武器では対抗できず、警察力だけではこれを鎮圧することが困難な場合は、自衛隊の治安出動が必要となる場面が想定される。

　このため、極めて強力な武器、火力を使用しているテロリストに対処する場合は、場合によっては自衛隊の治安出動もあり得る事を念頭に、早めの情報連絡を行うほか、治安出動後の連携体制のあり方を検討開始するなどの、危機の拡大、危機の連鎖に備えた準備が必要となる。

(3)　迅速な初動対応

①　要員の緊急参集

ア　常に参集できる体制とそのための連絡体制、居住制限、旅行制限

　緊急事態に対応する要員は、緊急事態の発生が突発的であり、予兆がないことが通常であるため、何時、どこで緊急事態が発生しても直ちに参集してこれに対応するための体制を常日頃からとっておく必要がある。

このため、緊急時に対応すべき要員は、二十四時間いつでも連絡が取れる体制を確立する必要がある。そのためには、二十四時間切れ目なく連絡が取れる通信手段の確保が必要となるとともに、参集してくる要員に連絡を取る要員の確保も忘れてはならない。
　加えて、参集要員が連絡を受けて直ちに参集できるためには、参集すべき要員の居住制限、旅行制限を行うことが求められる。
　一週間のうち、勤務時間は40時間に過ぎないため、事案が発生する場合は、その大半が夜間又は休日に発生することを念頭において、夜間、休日にも機能する体制を構築する必要がある。
　また、地震や事案発生により交通機関が途絶し、要員が通常の方法では参集できないことを前提として、要員の居住地域や参集手段を考慮することが重要である。
　緊急事態は、夜間、休日を問わず突然発生するために、応急対策に従事する要員は一瞬たりとも気を抜くことはできない。このため、平時から、要員には相当の緊張を強いることとなる。

〈具体的対策〉
その1　応急対策要員のための宿舎の確保、居住の義務付け
　中央省庁をはじめ、地方自治体や重要インフラ事業者などの緊急事態発生時に応急対策に当たる組織においては、先ず第一に初動体制の構築を行うためにも危機管理に当たる要員の迅速な参集は、何よりも不可欠である。このため、危機管理要員は、緊急事態発生時に直ちに参集場所に駆けつけるためには、常日頃から参集場所近くに居住し、いつ何が起きても参集場所に駆けつけることが出来る態勢を取っておく必要がある。
　このため、危機管理要員が参集場所周辺に居住できるよう宿舎を確保するとともに、参集場所周辺に居住することをその職にある限りは義務付けることや、休日、夜間を含め、参集場所周辺から離れる場合

の旅行制限など行うことが必要となる。

　いかに危機管理体制の構築を準備したと言っても、夜間、休日の時間は、勤務時間の３倍以上もあるのであり、何時発生するか分からない突発的な緊急事態が実際に発生したときに、「夜間や休日のため、危機管理要員がすぐには参集できませんでした。」では、言い訳にもならないからである。

　緊急事態発生の初動における危機管理要員の役割に加え、危機への応急対策を行っていくためには、それぞれの省庁等の所管業務の担当者が直ちに持ち場に着いて応急対策に早急に従事できる体制を構築することも重要である。特に、首都直下地震等の災害が発生したときにおける交通の途絶を考慮すれば、危機管理要員のみならず各種応急対策に従事する各省庁等の職員の宿舎は、少なくとも徒歩で持ち場に参集できる場所に確保しなければならない。応急対策はもとより、重要インフラや応急対策に必要な物資の確保や金融システムを始め各種社会システムの回復等各省庁の活動すべきことは、膨大かつ多岐にわたっており、これらの業務を早急に開始する必要からも、重要なことだからである。このことは、地方都市においても同様である。

　このため、これらの職員の宿舎を都心に確保すべきところ、財政上の理由からか単なる役人たたきの風潮からかは不明なるも、都心から公務員宿舎をなくそうとする動きは、危機管理の観点からは、結果的に国民に多大な損失を与えることとなる問題の多い施策と言えよう。

その２　参集のための通信手段及び交通手段（自転車、バイク）の貸与

　突発的な緊急事態が発生した場合、危機管理要員が直ちに参集するため、参集場所周辺に居住しなければならないことは当然としても、各種の緊急事態の発生に当たっては、まず、参集要員に緊急事案が発生していることを知らせるための通信手段が重要である。また、首都

直下地震発生のように参集するための交通機関が途絶したり、道路が障害物や渋滞のため実際上通行できないということも当然の前提として参集方法を考えることが必要である。

このため、参集要員には、常に携帯電話等を肌身離さず携帯させることや、災害時にあっても緊急時に優先的に使用する電話として電話が不通とならない措置をとっておくことが重要である。

望ましいのは、徒歩での参集が可能な地域に危機管理要員が居住することであるが、徒歩では時間がかかりすぎる、あるいは、より早く参集するためには、危機管理要員には、日頃から、地震で障害物が多く普通には通行できない道路でも何とか通行できる自転車やバイクを貸与して参集に備えさせることが必要である。

事例51◆我が国の内閣の危機管理担当者の体制

我が国の内閣官房に勤務し、初動対処に当たる危機管理要員は、緊急参集場所である総理大臣官邸周辺に居住することが義務付けられており、そのため、周辺に既に宿舎がある者を除き、全員、危機管理宿舎と呼ばれる宿舎に居住している。また、内閣官房の職員だけでなく、緊急事態発生時に総理大臣官邸で緊急事態対処に当たる各省庁の要員も同様である。

また、緊急事態発生時にはできるだけ早く参集するために、必用な者にはそれぞれ自転車が貸与されている。また、参集要員の通信手段としては、災害時においても優先通話が可能な携帯電話及び幹部には防災無線装置が貸与されており、24時間、通信が可能なように努めていた。

ちなみに、緊急事態が発生し後述の緊急参集チームが自動参集する重大事案の場合は、これまで、事案発生後30分以内に緊急参集チームの会合を行うこととされており、筆者が内閣危機管理監当時も深夜の参集も含め何度も緊急参集チームの参集が行われたが、いずれも会合は30

分以内に開始され、ほぼすべての緊急参集要員は出席していた。

このため、緊急参集要員は、宿舎は総理大臣官邸から約2km以内、外出は同じく約5km以内での生活を続けており、精神的にも相当な緊張を強いており、また、生活面においても相当の犠牲を強いている結果となっている。

事例52◆米国のFEMA（緊急事態管理庁）の体制（三個班による体制）

米国の危機管理に当たるFEMA（Federal Emergency Management Agency：緊急事態管理庁―対応すべき事案は我が国の内閣官房の危機管理監の所掌よりも相当に範囲が狭い）においては、緊急対応要員を三個班に分け、一個班はオンデューティー（当番）、一個班はオフデューティー（非番）、一個班はスタンバイ（待機）として、要員の緊張と緊張緩和のリズムを作り出すシステムとなっているとのことであり、我が国の内閣官房の危機管理要員のように常時緊張を強いられて突発事態に備えるという体制とはなっていないが、危機管理をより的確に行うためには、要員の休息確保や士気を維持していくことが重要であり、我が国の今後の体制を充実していく上で大いに参考となる。

ただし、これを実現するためには、現在の我が国の体制よりも、相当の人員の増強が必要となるが、我が国をめぐる国家の危機の脅威が更に増していると考えられる現状にあっては、今後、早急に、より充実した体制を構築していくことは、的確な危機管理を行って行く上で是非必要なことである。

ちなみに、FEMAの場合、内閣官房とその所掌は異なるものの、要員数は、全国で常勤職員が約3,700人、非常勤職員が約4,000人いると言われており、我が国の数十倍の人数となっている（米国、リオ・ボスナー：Leo Bosner氏講演）。

ただ、米国のFEMAの体制が充実しているからといって我が国にお

> いても米国のFEMAと同様の体制を我が国でも創設したほうがよいと言っているわけではない。我が国の内閣制度を考慮した場合、また、平時における体制や実際の緊急事態における政府を挙げた体制構築を考えた場合、現在の内閣官房を中心とした仕組みは、人員は絶対的に不足しているものの制度としては現憲法下ではなかなかよく考えられた制度ということができると思う。
> 　ただ、外国からの武力攻撃事態が発生した場合の体制については、現在日本版NSCが発足したものの、現在のままでは十分とはいえず、今後の更なる研究が必要と考えるところである。

②　事態対処体制の構築（対策本部等）
ア　緊急時体制
　緊急事態が発生した場合、この事態に対処するために特別の体制を作って対応する必要がある。

　緊急事態であるが故に、業務量は膨大であり、多方面の組織を動員し、かつ調整を行った上での瞬時の意思決定が必要となるため、情報が一点に集中し、かつトップから各組織に指揮が直ちに届くような組織、体制の構築が求められる。いわゆる○○対策本部というような組織であるが、実質的に機能する組織でなければならない。。

　ここでは、トップに情報と指揮権が集中することが重要である。トップにすべての必要な情報が集まり、その判断に基づく指揮命令が、一点から各組織に伝わることが重要である、情報や命令が錯綜しがちな場面で、情報と指揮、そして全体の管理が重要となる。また、人為的な事案の場合は、的確なインテリジェンスのトップへの提供も重要となる。

　そのため、情報を一ヶ所に集中させることのできるコミュニケーションの手段、通信資機材や参加要員が情報を共有できるためのモニター画面やパソコン等の情報端末、地図、コピー機等の事務用品、また、各組織の要員が一堂に会して傘下の組織との情報の収集、連絡、指揮

を行うことのできる場所、更には、最高幹部が意思決定を行うことができるマイクや録音機能を備えた幹部会議室などが必要となる。

更には、事案が長期化することも十分に考えられるため、要員が休憩を取るための休憩室、仮眠を取るための仮眠室、また、食事を取るための部屋やできれば食事を作ることのできる厨房なども重要である。

こうしたスペースは通常は使用されないため、いざという場合に備えて、常日頃からこれらのスペースの確保と資機材、備品、食料等の備蓄及び点検を行っておくことが必要となる。

また、こうした場所は危機発生時に使用することが前提であるため、あらゆる危機の態様にも耐えられる構造、施設でなければならない。具体的には、地震、洪水に強く、必要とあれば、空爆等に耐えうる構造であることや、外部からの毒ガス、放射能、細菌等の進入を防ぎうる施設であることも重要である。

また、外部の停電、断水、通信回線の断絶、ガスの供給停止、食料調達困難等の事態にも対応できるような設備や備蓄も備えていることが必要である。

事例53◆原子力事故に対処すべきオフサイトセンターの機能不全

原子力発電所の事故に備え、原子力安全・保安院では、原子力発電所の周辺にオフサイトセンターを設置し、万が一の原子力災害が発生した際の原子力災害現地における前線指揮所として、全国各地に整備していたが、平成23年（2011年）、現実に福島第一原子力発電所の事故が発生すると、原子力発電所近くにあったオフサイトセンターは、電源喪失、通信機能不全、放射線レベルの上昇など原子力事故や各種災害の際当然予想される障害により、使用不可能となり、実際にはまったく機能することなく、要員は撤退せざるを得なくなった。

このため、事故に際して現地情報の収集という重要な役割を担うは

> ずのオフサイトセンターの機能を喪失したまま、政府は事故対応に当たることとなった。

イ　平時の業務と完全に異なる組織、業務体制、要員

　緊急時体制においては、平時の業務を上回る膨大な業務を瞬時に処理していくことが求められるため、これに従事する要員も平時とは異なる体制の人員が必要となる。

　平時においては、それぞれの組織の所掌や担当というものがあり、緊急時においても、当然、その担当者が中心となって業務の処理が行われることとなるのが通常であるが、緊急時にはその所掌事務だけでも、平時の要員だけではとても足りないほどの業務量となることが一般的であり、また、緊急時特有の業務が大量に発生するため、その増加する分の大量、かつ、新たな業務量を処理できるだけの大量の人員を確保する必要がある。

　また、クライシスマネジメントに従事する要員の意識のモードチェンジも重要である。平時とは異なる体制、異なる業務、緊急を要する判断、迅速な対応などすべてを取っても平時のモードのままでは対応できず、要員が意識を変えて緊急事態対応モードになって取り組むことが重要である。

　このため、考え得るあらゆる事態を想定して、平時から事態に応じた緊急時の体制案を構築しておく必要がある

　しかし、想定される緊急事態が様々な種類のものである場合、それぞれの種類の事態に応じて体制、要員は変化する。このため、その緊急時の体制案も、想定される事態の数に応じた数の案を構築しておく必要が出てくる。

　また、同種の事案であっても、事案の烈度に応じて体制、要員も変化することになる。

> **事例54◆平成23年3月11日以降の官邸危機管理センターの体制**
>
> 　東北地方太平洋沖地震が発生した後、総理官邸地下の危機管理センターには内閣官房をはじめ各省庁の職員300人以上がつめかけ、震災と引き続く原子力災害の対応に当たることとなったが、事態の進展とともに要員はさらに増え、総理官邸に入りきれない人員は、官邸以外の建物に別室を作って事案対処に当たることとなった。
>
> 　当然ながら長期間にわたる事案対処となったが、その間それぞれの要員は、通常の業務は他の職員に委ねて事案対処に専念することとなった。あらかじめこうした事態を想定して要員の派遣を計画していたため、各省庁において通常の業務に大きな混乱はなかったものの、通常業務およびこれに対応する職員には大きなしわ寄せが出るとともに、大震災および原子力災害への対応業務は危機管理センター以外においても膨大な業務量となり、その後、復興庁をはじめいくつかの新しい専門の役所ができることとなった。
>
> 　また、東北地方太平洋沖地震の際は、総理官邸のある東京においては、電気をはじめとするインフラが健在であり、水、食料の調達も、震災後も可能であったが、首都直下地震のように首都周辺のインフラが破壊され、生活物資の調達が困難となるような場合は、同じような体制が維持できるかは大いに疑問である。更なる食料、その他備品等の大量備蓄が必要であることが痛感された。

ウ　緊急時体制要員の役割確認

　平時において、緊急時の体制を机上で構築することができたとしても、緊急時にそれが実際に稼動するためには、それぞれの要員が緊急時のそれぞれの役割を認識して、期待される役割を果たすことが必要となるが、平時の業務と異なる業務であるため、実際にはその役割を認識できず、期待される役割を果たせないことも多い。

こうした事態を避けるためには、平時から、訓練により各参加要員に対して役割の認識と持ち場の確認、全体の流れの理解などについて体得させることが重要となる。

　また、訓練を通じて、訓練計画者や危機管理担当者だけでなく、訓練参加者の目から見た緊急時体制の問題点、想定不足箇所、準備不足の資機材等、再点検すべき事柄も明らかとなる。

　実際の緊急事態が発生した場合において、この緊急時体制が機能するためには、平時における訓練により、各要員に役割を認識させるとともに、新たな視点からの準備体制の再点検を行うことが重要だということである。

> **事例55◆内閣官房における訓練**
>
> 　内閣官房では、緊急事態に備えて常日頃から要員の訓練を行っているが、中でも大事なことは、緊急事態が発生し、いち早く要員が緊急参集した場合において、最初の立ち上げ作業から、初動活動にいたるまでの一通りの手順をすべての職員が実施できるよう訓練を重ねていることである。
>
> 　緊急事態の発生は、まさに突発的であるため、直ちに要員が駆けつけたとしても誰が何人駆けつけるかは分からない訳であり、とりあえず参集した要員で一通りの初動活動ができるようにしておかなければならず、このため内閣官房の危機管理担当者は、いつどんな事態が発生しても最初の立ち上がりと初動活動ができるよう訓練を重ねている。

エ　ほとんどの組織でこれらができていない

　緊急事態が発生した場合にこれに対応すべき組織にあっては、上記の平時からの緊急時体制案の構築とこれに基づく訓練が求められているが、実際には政府、地方自治体においても、各種事態を想定した緊急時体制案やこれに基づく訓練が十分に行われているとは言いがたい。

一部の危機管理官庁と言われる省庁において各種の訓練が行われているが、決して十分とは言いがたく、ましてや、民間において十分な体制構築や要員の訓練が行われていないことは言うまでもない。

(4) 政府（組織）としての意思決定

① 対処方針の決定と決定主体

緊急事態が発生した場合、それが国家の危機に該当するものである場合、政府としては、直ちにこれに対処するため、例えば地震等の自然災害であれば緊急災害対策本部等政府の対処体制を構築し、情報収集、初動体制の構築をはじめ、事案に対処するための活動を開始することとなる。その際に重要なことは、政府の事案対処に当たっての目的、目標を定めた対処方針を直ちに決定し、これを国民及び政府部内の各組織に伝えていくことである。

この場合、対処方針は、政府全体の活動目標や優先して対処して行くべき事柄を定めた対処方針であるため、この事態に関係するすべての政府機関へ対処方針が伝わるよう、我が国であれば内閣総理大臣を長とする対策本部決定などの最高の意思決定機関で決定する必要がある。

② 対処方針の内容

緊急事案への対処方針には、活動の目的、当面の目標、手段、体制、優先順位を明記することが望ましい。

政府として、危機対応に当たって何を目的に、事態収束に向けて何を当面の目標として、何を優先していくかが問われる場面であり、どういう考えで政府が何をしようとしているかをこの対策に従事する政府、地方自治体、関係機関の関係者に対して示す指針となるものであり、また、国民に対するメッセージとなるものである。

事例56◆東北地方太平洋沖地震時の政府の対処方針

　平成23年3月11日に東北地方太平洋沖地震が発生した際、政府は、発災の28分後の15時14分には緊急災害対策本部の設置を閣議決定し、その23分後の15時37分には第一回緊急災害対策本部を開催し、政府としての「災害応急対策に関する基本方針」を定めた（P117図6参照）。

　その内容は、次のとおりであるが、短時間のうちに政府としての基本方針を定めるためには、あらかじめ各種の緊急事態を想定して、それぞれの事態ごとに政府の基本方針の雛形を検討しておくことが必要であり、我が国初の緊急災害対策本部となった3月11日のの基本方針策定に際しても、こうした事前の検討が大いに参考となった。

「災害応急対策に関する基本方針」

平成23年3月11日
平成23年宮城県沖を震源とする地震
緊　急　災　害　対　策　本　部

　本日14時46分頃に発生した地震は、東北を中心に北海道から関東地方にかけての広い範囲を中心に、地震動、津波等により、激甚な被害が発生している模様である。さらに、今後の余震により、被害が拡大する可能性も考えられる。

　このため政府として、以下の基本方針に基づき、地方自治体と緊密に連携し、被災者の救援・救助をはじめとする災害応急活動に総力をあげて取り組むとともに、国民生活及び経済活動が早期に回復するよう全力を尽くす。

1．災害応急活動が円滑に行えるよう、関係省庁は情報の収集を迅速に行い、被害状況の把握に全力を尽くす。

2. 人命の救助を第一に、以下の措置により被災者の救援・救助活動、消火活動等の災害応急活動に全力を尽くす。
   (1) 全国から被災地に、自衛隊の災害派遣部隊、警察広域緊急援助隊、緊急消防援助隊、海上保安庁の部隊及び災害派遣医療チーム（DMAT）を最大限派遣する。
   (2) 応急対応に必要な人員、物資等の緊急輸送路を確保するため、高速道路や幹線道路等の通行路の確保に全力を挙げる。
   (3) 救援・救助活動等の応急対策を適切に進めるため、必要に応じて航空情報（ノータム）の発出等により、関係機関、関係団体の協力の下、被災地上空及びその周辺空域における航空安全の確保を図る。
3. 被災地住民の生活の復旧等のため、電気、ガス、水道、通信等のライフラインや鉄道等の交通機関の復旧に全力を挙げる。
4. 応急対応に必要な医療物資、食糧、飲料水及び生活必需品、並びに緊急輸送路・ライフライン等の復旧のための人員、物資を確保するため、全国からの官民一体となった広域応援体制を確保する。
5. 被災地の住民をはじめ、国民や地方自治体、関係機関が適切に判断し行動できるよう、的確に情報を提供する。

③ 目的達成のための優先順位決定の重要性

政府としての対処方針を決定するに当たっても、目的達成のため何を当面の目標として実施していくかを決定していくことが求められる。そのためにも、限られた人的、物的資源を何に優先して投入していくのかの優先順位の決定、すなわち、クライシスマネジメントに当たっての価値基準を定めて、必要だと考えられることから順に対策を講じていくことが重要となる。この場合、2の(2)で述べたように緊急事態対処に当たっては、平時と異なり、価値観が変化したり、価値基準が異なってくることが多いことに留意する必要がある。

事例57◆部隊運用に当たっての優先順位

　3月11日の東北地方太平洋沖地震発生後、警察、消防、自衛隊、海上保安庁、緊急派遣医療チーム（DMAT）、国土交通省のテックフォース等の各部隊は、震災、津波被害の対応のほか、福島第一原子力発電所の事故対応に当たったが、各部隊の増強に合わせるかのように被害の報告や救援要請も次々と寄せられるようになった。

　こうした中、震災及び津波被害の地域において、被災者の救援という目的を達成する上でも、限られた部隊、資器材の投入先を何を優先して順位付けを行っていくかの判断が求められた。総理官邸に参集した各省庁の局長級からなる緊急参集チームで検討した結果、優先順位の第一は、生存者の捜索および救出、第二は、孤立者対策、第三に未捜索地の割り出し及び捜索、第四に御遺体の収容と決定した。

　こうした方針は、被災現場で活動する各部隊に直ちに伝えられ、各部隊連携の下、その方針に沿って各部隊は活動を行うこととなった。

東日本大震災における警察の活動（平成23年3月）
（警察庁提供）

⑸ 事態対処活動（オペレーション）

①　具体的活動体制の確立
ア　対応組織の確立、対処要員、資器材の動員

　緊急事態が発生した場合、緊急事態に対処するための体制を構築することとなるが、この対処体制はあらかじめ平時において定めていた要領に基づき作られることとなる。このため、平素から、緊急事態ごとに参集すべき要員とその役割を定めておき、直ちに事態対処に取り組む体制を構築する必要があるが、参集すべき要員は、すべてが当初から参集できない場合も多いほか、事態に応じて更なる人員、資機材の増強も必要になることも多い。このため、要員の役割も、想定された体制通りに配置すると役割ごとの過不足が生じることがあるが、これを避けるため、必要に応じて柔軟に役割分担を行うことが望ましい。もともと、平時から行い慣れた業務ではないことが多いため、役割分担を固定的に考える必要も少ないのである。

イ　組織はできるだけシンプルに

　緊急事態への対処に当たっては、情報の集中、情報の共有、指揮の統一が重要となるため、対応組織は何処で、誰が、何を行っているかが分かるシンプルな組織が望ましい。

　また、トップに情報と指揮権が集中する体制を構築する必要があることは、既に述べたとおりである。

　また、当然ながら、既述した必要な要員と資器材が配置されていることが必要である。

　この場合、特定の部署、特に情報の取りまとめや、オペレーションの取りまとめを行う特定の要員に業務が集中しないことが肝要である。

　ただし、全体を統括する要の人物は必要であり、そこに業務が集中

することが多いため、事案が長期化する場合には、統括の要となる要員は、できれば複数化することが望ましい。

 ウ　冗長性が重要

　緊急事態に対応するための組織、要員、装備資機材については、当初は、事案の規模、事態の進展状況、当面の克服までの時間が不明であるため、常に、新たな事態や進展、拡大する事態に対応するための冗長性をもった対応組織と要員及び装備資機材が必要である。いわゆる予備部隊や予備の要員、遊軍と呼ばれる人員や組織、資機材である。

　事態対応中に新たに発生した事態に当面対処させるための部隊、要員であり、事案の進展状況の見通しが明らかでない限り突発事案対応のためにも必要である。

②　各組織の事態対処活動

　緊急事態対処のための情報収集活動に加え、政府の初動体制、基本的対処方針及びこれに基づく具体的活動体制が決定されれば、いよいよ各組織が事態対処のためのそれぞれの活動に入っていくこととなる。

 ア　任務分担

　実際に緊急事態が発生した場合、どの省庁（組織）もまず自分の省庁（組織）の役割の中で、まずやらねばならないことに取り掛かることとなる。とりあえず各組織の判断で、目の前で起こっている事態にその時点ですぐに使える要員と資機材を使って対処していくこととなるが、その際、各方面で多数の事象が発生している場合において特に問題となるのが、同一の事象に各組織が重複して対応している一方、ある事象に対してはどの組織も対応していないといった事態が出てくることである。これを避けるためには、当然のことであるが、全体の状況を把握できる対策本部等において、どこでどのような事象が発生

しており、その事象はどんな事態で、そこではどの組織がどのように対応しているのかを把握する必要がある。

4(2)アで述べたとおり、情報が一点に集中し、かつ、一点から各組織に指揮命令が伝わることが重要であり、事態の性格、規模、深刻度等に応じて、当該事態に対応すべき組織を決定し、任務賦与を行い、後は、各組織の現場での努力に任せていくこととなる。もちろん、任務賦与された組織だけでは対応できない事態となったような場合は、更なる対応策を講じていくこととなる。

こうした業務を行う対策本部においては、各種情報を収集、集約、分析を行う情報部門とこれに基づき事態対処を行う対策部門の連携が重要であり、重要度に応じて、場合によってはトップ、あるいはそれ以下の各責任者の判断を仰ぎながら、任務賦与及び役割分担を行うこととなる。

イ　対策本部事務局の役割

緊急事態対処に当たっては、これまでも何度も述べてきたように、未経験の、突発的に発生した緊急事態に対し、瞬間的に事態の状況を判断して行くことが求められており、また、極めて限られた時間の中で、人の生命にかかわる大量の重要な業務を同時に処理していかねばならないということである。このため、具体的な事態対処に当たっては、事案の軽重にもよるが、原則として、もてる人的資源、物的資源の総力を結集して対応していく必要がある。

また、大量の情報と次々と発生する事象に対し、価値判断を行いながら瞬間的に大量の事象を把握し、それぞれの事象に必要な対応策を手当てしていくことが求められる一方、困難な事態で対応策の選択の判断に迷うような場合に、最適と思われる対応策を短時間で考えることも必要となる。

大量の情報の処理と分析、判断、対応策の進行状況の管理、人的及

び物的資源の投入状況の把握、解決すべき問題点の整理と解決策の立案、関係先との連絡調整、広報と質問対応等々緊急事態対処のヘッドクオーターである対策本部において短時間のうちに処理すべき業務は大量にのぼる。また、これらの業務の遂行に当たっては常に価値判断と優先順位の決定を行いつつ業務を遂行していく必要がある。

このため、対策本部においては、これらの業務を行う対策本部事務局の機能が重要となる。事務局の要員には、大量の業務を処理するため、大量の要員を配置するとともに、それぞれの業務が有機的に連携しつつ業務を遂行していくことも重要となる。各事務を担当する責任者は、自らの業務の状況把握を行うことはもちろんであるが、また、全体の状況を把握していることも重要である。他分野の業務の進行状況を把握するため、常に連絡を取り合い、互いの進行状況を把握しあうことが重要となる。組織はできるだけシンプルにすべき理由は、このためでもある。発生した事態の性格に応じて必要な組織は異なってくるものの、基本的な事務局の形は変わらない場合が多い。

また、状況全体を常に把握して必要な対策を立案、提示するいわゆる参謀機能の存在も重要である。状況が多岐複雑かつ長期にわたる場合は、独立して参謀機能を持った部署を作ることも必要となるが、短期間で事案処理の決着がつく場合は、各事務担当の責任者が集合して協議し、対策の立案、判断を行い、最終的にトップの判断を仰ぐことでも十分参謀機能を果たすことは可能であろう。

　ウ　現場の執行部隊の役割

実際に緊急事態発生の現場において事態対処に当たるのは、現場の執行部隊である。対策本部からの任務賦与に基づき、現場で事態対処に当たることになるが、何はともあれ、もてる人的資源と資機材を最大限に活用して、各種活動に当たることとなる。

緊急事態対処の成否を決めるのは、正にこの現場の執行部隊であり、

その指揮官は、与えられた状況下で最善の力を振り絞って事態に対処していくことが求められる。

対策本部においては、現場の活動に関しては、基本的に目標のみを示し、その具体的活動要領やいわゆる作戦については現場の指揮官に任せることとなる。現場には現場のやり方と現場を見た者にしか分からぬ知恵があるのであり、対策本部が一々具体的活動のやり方まで口を出すことは、通常は良い結果とはならない。

また、対策本部の各部署から現場の執行部隊に対し、様々な問合わせや進行状況の確認、新たな指示等が次々と寄せられるということも往々にして発生することであるが、これに応えうる現場は一つしかないということも多く、現場がその対応に追われて本来の事態対処に専念できないということもある。このため、対策本部事務局内で意思統一を行い、現場との連絡方法を一元化する工夫が必要となる。

現場での事態対処に当たっては、現場における価値判断と優先順位の決定もまた重要なことである。現場においては基本的には賦与された目標達成に向けて全力を尽くすこととなるが、その場合においても、限られた人的、物的資源の中で目標をできるだけ達成するためには、優先順位の決定とそのための価値判断が重要となるのは当然だからである。この価値判断と優先順位の決定は、言うまでもなく現場のそれぞれの指揮官の判断に基づいて行われることとなる。

(6) 的確な広報（クライシスコミュニケーション）

① 事実の公表

国家的な緊急事態が発生した場合、政府は、国民に対して現在何が起きているのか、政府は何をしようとしているのか、政府は国民に何を求めるのかについて説明することが肝要である。

クライシスコミュニケーションと呼ばれるものであり、政府が行おうとすることを正確かつ率直に説明することは、極めて重要なことと

言える。

　政府は、事案の対処方針や方法、また、その結果について、常に、国民、マスコミ及び野党の批判、そして、事後の検証にさらされることとなる。このため、政府は、こうした批判を恐れて、何が起きているのか、何をしようとしているのかを正確には国民に伝えず、何か重要なことを隠そうとしているのではないかという疑いの目で見られ続けることは、ある意味で当然のことであろう。

　また、発生した事態により大きな被害を受けた人々、或いは今後受けそうな人々にとっては、政府の対処策に疑問の目を向けるのは、むしろ当然の結果とも言える。

　また、緊急事態においては平時とは異なる価値観、手続き、優先順位による事案対処を求められるのであり、その意味からも、その手法に疑問を持つ人々が出てくるのは自然なことでもある。

　このため、政府は平時よりも更に頻繁、詳細に国民とのコミュニケーションを図る必要があり、それも、正直、率直、正確な情報提供が求められる。

事例58◆原子力発電所の事故レベルの発表

　福島第一原子力発電所の事故発生後7日経った3月18日、原子力安全・保安院は、福島第一原子力発電所の事故レベルを国際的な原子力機関であるINESレベルで広範囲な影響を伴うレベルであるレベル5と発表した。これは、1979年の米国のスリーマイルアイランド発電所の事故に匹敵するレベルであり、これを上回る事故は世界でも1986年に旧ソ連で起きたチェルノブイリ事故しかない。レベル5は、深刻なレベルとは言え、チェルノブイリ事故のレベルは、事故レベルとしては「計画された広範な対策の実施を必要とするような、広範囲の健康及び環境への影響を伴う放射性物質の大規模な放出」に該当す

る最高値のレベル7であり、福島の事故も、各地のモニタリングの数値から判断される放射性物質の放出状況から見て、これに匹敵するレベルと言えた。

　このため、福島の事故レベルが5であると発表されたことに疑いの目が向けられたが、原子力安全・保安院の考えでは、レベル5は、あくまでINESの三つある放射線事故評価基準のうち、第一の「人と環境」という基準でなく、第二の「施設における放射線バリア」という基準にある「炉心の重大な損傷」というこの評価基準で判断したものであり、この基準では最高値のレベル5と評価したものである。「人と環境」の基準による判断を行わなかった理由は、福島第一原子力発電所からの放射性物質の放出量がいまだ不明のためということであった。

　しかし、実際にはこうした説明は国民には届いておらず、国民に分かりやすく情報を伝えるというクライシスコミュニケーションの観点からは、政府の発表に大きな不信を抱かせる結果となった。

　原子力安全・保安院及び原子力安全委員会が福島の事故のINESの基準における「人と環境」のレベルを深刻な事故に相当するレベル7に上げたのは、既に事故発生から一ヶ月以上経った4月12日のことであった。

　遅れた理由については、解析に時間を要したからということであったが、解析結果とほぼ同様の放射性物質の放出量を把握していたのは、発表の20日も前の3月23日のことであったが、それから発表できるまでの解析に20日かかったこととなる。原子力の専門家がクライシスコミュニケーションの重要性にはほとんど考慮を払わず、数値の正確性のみを重視した結果ということができる。しかも、その後においても放射性物質の放出量については、新たな推定値が発表されており、所詮推定値でしかない数値に基づくレベルの発表を20日も遅らせた理由には合理的な根拠は見られない。

> ## 事例59◆放射能汚染水の放出
>
> 　福島第一原子力発電所の事故発生後の４月４日、東京電力は原子力安全・保安院の了解を得て、原子炉建屋内に溜まった放射能の高濃度汚染水が日に日に増加し、これが溢れ出すのを防ぐため、別の貯水槽に溜まっていた比較的低濃度の放射能汚染水を海洋放出しそこに高濃度汚染水を移送することとした。
>
> 　しかし、原子力安全・保安院は、事前に外務省、農林水産省等の関係省庁に相談することなく汚染水の放出直前に、突然、官房長官の記者会見を通じて海洋放出することを発表した。我が国周辺の諸外国は、突然の汚染水の放出の事態に抗議をする結果となり、放出の直前にこの話を突然聞かされた外務省は、諸外国への説明に苦労することとなった。同じく事前に何も聞かされていなかった農林水産省も、影響を受けるかもしれない漁業関係者とともに東京電力及び原子力安全・保安院を非難するしか術がなかったのである。
>
> 　仮に、高濃度汚染水の海洋への漏出を防ぐため、低濃度汚染水をあの時点で海洋放出するしか方法が無かったとしても、なぜ放出せざるを得ないのか、低濃度とはどの程度の値でどの程度の量なのか、またどの程度の影響が考えられるのかを関係者や諸外国に事前に説明することは、緊急事態における緊急措置であるがゆえに必要なことであった。
>
> 　正に、緊急事態におけるクライシスコミュニケーションの重要性を示す典型的なケースであり、緊急時における非常手段であっても、いや、正に非常手段であるがゆえに、その説明責任の必要性は平時に増して重要であった。

② 事態進展の公表

　政府は、緊急事態において何が起きており、政府として何をしようとしているのかを公表するのは当然としても、次に重要なことは、事態がどのように進展しているのかについても、それがよい方向に向か

おうとしているのか、あるいは逆に悪化しようとしているのかにかかわらず公表していくことは重要である。

特に、事態が悪化しつつある場合には、事態の変化、進展について適時、適切に公表することは、その後被害を受けるであろう人々のことを考えればより重要となる。

この場合、まだ不確定な段階で事態が悪化するかもしれないとの見通しを公表することはいたずらに国民に不安をあたえるとの理由で、その見通しを公表しないことがある。しかし、これは、予想通り事態が悪化したときには、被害を受けることとなる人々から見れば、政府に対し大きな不信を与える要因でもあり、事態の進展が不確定な段階においても、見通しについても説明することが望ましい場合が多いと考えられる。

事例60◆メルトダウンの判断

　福島第一原子力発電所の事故に際し、電源喪失及び給水途絶の状況に陥ったため、時間の経過とともに、原子炉の圧力容器内の水はいずれ蒸発してしまうとともに圧力容器内の燃料棒のメルトダウンの危険が迫っていた。原子炉の水蒸気爆発、メルトダウンに伴う大量の放射性物質の放出などが危惧されていたが、原子力の専門家は、電力喪失等に伴う原子炉の計装の機能不全により炉内の確実な状況の把握が困難である、メルトダウンの定義は多岐に渡りその言葉を使うと国民に不安を与えるとの理由で、炉内の状況は不明である、メルトダウンが起きているかどうかは不明であると主張して、「詳しい状況は不明であるが、メルトダウンが起きている」との判断及び発表は行われなかった。

　ただ、その後、大量の放射性物質の放出及び水素爆発が発生したことにより、「燃料棒の被覆管の損傷が起きている」という極めて分かりにくい、何か状況が軽微であるかのような印象を与える表現を使用

爆発後の１号機の外観

(東京電力㈱提供)

して、メルトダウンであることを発表した。これは、事態対処に当たっていた関係者や原子力発電所周辺の住民をはじめ国民すべてに大きな誤解若しくは発表に対する不信感を与える結果となった。

③　期待される行動の呼びかけ

　緊急事態においては、国民が緊急事態から被害を受けることをできるだけ軽減するためにも、国民に対して何をしてほしいかを訴えることが重要である。

　この場合、被害防止のための行動の呼びかけのみならず、国民に対し期待される行動を呼びかけることは、政府が国民とともに事態を乗り切るためにも重要なことである。単に、避難してほしい、危険なところに近づくな、だけではなく、近隣住民とともに自助、共助を呼びかけることや風評被害を防止するための呼びかけなども必要である。

4 クライシスマネジメントの実際

事例61◆目標達成のための国民協力の呼びかけ

　口蹄疫の発生が確認された宮崎県では、その感染拡大防止のための措置を早急に取る必要があった。具体的には、症状の出た患畜、擬似患畜及び同一農場のすべての家畜の殺処分及び埋却に加え、農場全体及び農場を出入りするすべての人物、動物及び車両の消毒を行う必要があり、農場に通じるすべての道路で検問、消毒を行う必要があった。しかし、宮崎県では、当初、農場を出入りするすべての車両や人物を消毒することなく、農場関係者だけを消毒するという極めて不徹底な措置しかとらなかった。このため、農場に出入りする一般の宅配業者や付近を通行する通常の車両の検問消毒は行われず、これらを通じて口蹄疫の感染が広がった可能性が高い。当時の宮崎県の考えでは、検問消毒措置を徹底すると一般の人々に迷惑がかかるという判断があったという。

　口蹄疫の感染拡大防止というクライシスマネジメントの基本目標から見れば、一般の人々の協力は不可欠であり、そのため、事態の深刻

宮崎県での口蹄疫発生時の農場周辺での検問の状況
（平成23年5月）
（農林水産省提供）

153

さと対応策実施の必要性を広く人々に周知し、その協力を求めることは当然のことであったが、検問を行えば渋滞が発生する、消毒を嫌う人がいるなどの些細としかいえない理由で、全車両の検問消毒と言う緊急事態においては当然、受忍すべき事柄の協力を求めることも行われなかった。

　その後、こうした反省から、平成23年、家畜伝染病予防法が改正され、こうした消毒を行う際の一般国民の受忍義務が法定化された。

④　不必要な不安の解消

　クライシスコミュニケーションにおいては、国民に必要以上の戸惑いや不安を与えないようにすることも重要である。緊急事態により、ただでさえ不安を抱く国民が、実際以上の不安を抱いたりすることは理解できることであり、政府が必要以上の不安の解消に努めることもまた重要である。

　とりわけ、先走りした不安、風評、デマといったものがネットを通じて広がる危険性は従来に増して高まっており、こうした不安を解消するためのコミュニケーションの重要性はますます高まっていると言える。

　こうした不安が解消されるか否かは、情報の出し手への信頼が重要となる。そのためにも、政府は、国民に対して常に信頼に足る情報の提供が必要となる。

事例62◆放射能の食品への影響についての発表方法

　福島第一発電所の事故の影響により、時間を追うにつれ放射性物質の食品への影響も出始めたが、このとき我が国には、どの程度の放射性物質のレベルであれば健康に将来的にも影響がないレベルであるかの基準が存在しなかった。言葉を変えれば、どの程度のレベルであれば食品として出荷してよいかという基準がなかったのである。このため、政府では、急遽、厚生労働省、農林水産省、食品安全委員会、原子力安全委員会等の機関が集まり基準作りを行うこととなった。

　基準作りに当たっては、食品、飲料品につき、100グラム当たり○○ベクレル以下であれば安全であるというような出荷のための一律の基準作りを行おうとしたが、例えば、お茶の葉についていえば、実際には生茶を直接食することはまずないにもかかわらず、生茶100グラム単位で計測したり、一方で乾燥させて製茶した製品は、水分が減少した分、100グラム単位のベクレル値が上昇するため生茶では安全とされたものが安全とはされなくなったり、一方、ボトルに入ったお茶は、大量の水分が入ったためすべてが安全基準をクリアするといったように、基準作りの議論においては、基準の合理性、安定性に疑問が見られる状況であった。

　その結果、時間の制約もあり、暫定的ながら食品の安全規準を制定して国民に向けて発表したが、暫定的な基準としたことに加え、「これを摂取しても直ちに健康への影響を及ぼす数値ではない」との説明が、逆に将来への健康不安を掻き立てることとなり、安全とされた食品に対しても不安を抱かせる結果となった。

　このため、実際には何の問題も無い食品に対しても「福島産」あるいは東北地方の産物というだけで敬遠されるという風評被害を助長することとなった。

5 緊急事態における我が国の危機管理体制

(1) 我が国の各行政機関の役割

　我が国は、自然災害の多い国といわれ、これまでも毎年のように数々の自然災害に見舞われたほか、第1章での説明したような、事故や悪意を持って行われる事件発生の危険も決して低いとは言うことができない。また、パンデミックや疫病、更には武力攻撃事態についてもめったに発生しないとの予断も許されるものではない。

　こうした様々な危機に対して、我が国の危機管理体制はどのようになっているのか、その組織や体制、役割について概観してみる。

① 各行政機関の権限と責任
ア　内閣の役割

　我が国においては、憲法の定めにより、国権の最高機関たる国会の議決により選ばれた内閣総理大臣及び内閣総理大臣が任命する国務大臣により組織される内閣が、国家の行政権を行使することとなっている。

　内閣は、他の一般行政事務のほか、国務を総理し、行政各部を統括して法律の誠実な執行を行わせるほか、条約の締結や外交関係の処理などの事務を行うが、内閣は、これらの権限を閣議により行う。

　内閣総理大臣は、閣議にかけて決定した方針に基づいて行政各部を指揮監督する。閣議で決定する事項（閣議事項）は、内閣自体に属する権限に加えて、行政各部の所掌に属する重要事項も含まれる。

法文の定めはないが、閣議の決定は、内閣の連帯性、一体性の原則から、閣僚の全会一致による。

イ　各省庁の権限と責任

実際の国の行政事務を内閣の統括の下につかさどる機関として行政各部、つまり、各省庁があるが、各省庁の権限及び事務は法律により定められ、各省庁は、その権限に基づき、それぞれの事務を遂行することとなる。

国の行政権限の多くは、各省大臣やその委任を受けた職員、或いは法律により権限を付与された公務員（警察官、消防職員など）により遂行されるが、具体的な権限をどう行使するかは、各省大臣や権限を有する公務員の裁量に委ねられており、内閣総理大臣が直接各省大臣を指揮して個別の権限を発動させる仕組みとはなっていない。

危機の発生時においても、内閣総理大臣は、閣議にかけて決定した方針に基づいて行政各部を指揮監督することとなる。

ウ　内閣総理大臣の役割

前項でも述べたとおり、我が国においては、内閣総理大臣が一身に国の行政権限を担うのではなく、内閣が行政権を担いその権限も各省大臣に分掌されるという仕組みになっていることから、平時においては、閣議決定を待って一つ一つの課題を解決するということは出来ても、緊急時においても、一つ一つの課題を閣僚全員が集まる閣議でなければ決定できないという仕組みでは、国家の緊急事態が発生した場合の対応としては間に合わない場面も出てくることがある。

このため、緊急事態の発生に対し内閣が迅速かつ適切に対処するための方策として、通常、次の二つの方法が行われる。

一つは、個別の事案発生ごとに閣議を経るのではなく、あらかじめ想定される事案の種別ごとに対処の基本方針を閣議で定めておく方法

である（例1、例2、例3）。

　もう一つは、内閣官房の事務とされる「内閣の重要政策に関する総合調整」と「閣議に係る重要事項に関する総合調整」の権限を用いて内閣官房が各省庁の事務を調整することにより、各省庁に必要な事務を行わせるという方法である。ちなみに、この場合の総合調整を行う内閣官房の主任の大臣は、内閣総理大臣である（内閣法12条、23条ほか）。

■例1　緊急事態に対する政府の初動対処体制について
（平成15年11月21日閣議決定）

（1～4略）
5　対策本部
　(1)　政府全体として総合的対処が必要な場合には、関係法令又は閣議決定等に基づき、緊急事態に応じた対策本部を迅速に設置する。
　(2)　対策本部設置のための臨時閣議が必要とされる場合において、内閣総理大臣及び国務大臣全員が参集しての速やかな閣議開催が困難な場合には、電話等により内閣総理大臣及び国務大臣の了解を得て閣議決定を行う。連絡を取ることができなかった場合は事後速やかに連絡を行う。

■例2　我が国周辺を航行する不審船への対処について
（平成13年11月2日閣議決定）
（1～3略）
3　迅速な閣議手続
　不審船への対応に関し、自衛隊法第82条に規定する海上における警備行動の発令に係る内閣総理大臣の承認等のために閣議を開催する必要がある場合において、特に緊急な判断を必要とし、かつ、国務大臣全員が参集しての速やかな臨時閣議の開催が困難であるときは、内閣総理大臣の主宰により、電話等により各国務大臣の了解を得て閣議決定を行う。この場合、

連絡を取ることができなかった国務大臣に対しては、事後速やかに連絡を行う。

■例3　我が国領海及び内水で潜没航行する外国潜水艦への対処について
（平成8年12月24日閣議決定）
（一　略）
　二　内閣総理大臣は、自衛隊法第八十二条の規定に基づき、防衛大臣から、我が国の領海及び内水で潜没航行する外国潜水艦に対して海面上を航行し、かつ、その旗を掲げる旨要求すること及び当該外国潜水艦がこれに応じない場合には我が国の領海外への退去要求を行うことを自衛隊の部隊に命ずることについての承認を求められた場合において、海上における治安の維持のため必要があり、かつ、海上保安庁のみでは当該要求を行うことができないと認められるときは、当該承認をすることができる。
　　　（この場合は承認時の閣議決定を要しないこととなる。）

②　政府としての統一と調整
ア　政府の緊急事態対処体制の構築
　緊急事態の発生に当たっては、政府の各部局が一丸となって事態対処に当たる必要があるが、そのためにも行政の担い手である内閣及びその事務を分掌する各省庁が統一の取れた活動を行うことは当然のことである。
　しかし、内閣の重要方針の決定は閣議決定によって行われること、閣議決定は全会一致によらねばならないこと、多くの閣僚が一堂に会して物事をすべて決めるという非効率な面があること、閣僚は国民や国会に対する説明や各省庁の活動の指揮等に時間を取られることが多く常に合議を行えないことなどから、緊急事態に対処するためには閣議に代わる特別の体制を作ってこれに当たらせる必要がある。

イ　閣議決定による政府の体制、方針の決定

　緊急事態が発生した場合、政府は、まず第一に、事態の内容を見極め、事態に対応するための体制を構築するとともに、政府としての基本的対処方針や国民に対してのメッセージを定めていく必要がある。

　このため、内閣は直ちに閣議を開催して、事態に対処するための体制を閣議決定し、以後の事態対処はこの体制で行っていくことを意思決定する。つまり、政府としての緊急事態対処体制の構築が行われる。

　政府としての基本的対処方針等は、この閣議決定において決定することも可能であるが、通常は、基本的対処方針が将来変更されることも念頭におくため、閣議決定で作られた新しい緊急事態対処のための体制において、本部決定という形で基本的対処方針が定められることが多い。

　この場合の内閣総理大臣の位置づけについては、通常、こうした緊急事態対処体制は、緊急事態ごとの特別法において、○○対策本部といった形をとることが多く、内閣総理大臣は、その本部長として本部の対応の指揮、調整を行うこととなる。

ウ　特別立法による政府の体制

　緊急事態には様々なものがあるが、そのうち発生の蓋然性が高いもの、発生した場合の被害が甚大であるものや、甚大な被害に至ることが予想されるものについては、前述したように、あらかじめ立法措置により事態対処のための体制や当該緊急事態における対策本部又は対策本部長の権限、国民の事態対処に当たっての義務や権利の制限について定めることが多い。

　しかし、発生した緊急事態が、あらかじめ想定した緊急事態として特別法により立法措置がなされていない場合、政府は、既存の法律の枠組みの中で、緊急事態対応を行うこととなり、事態対処策の実行や国民の権利制限、受忍義務の発動において、通常の法手続きを踏むこ

ととなり、著しく非効率かつ実効性に乏しい対策しか取れないこととなる。

このため、緊急事態対処のため、想定される事態ごとにあらかじめ特別措置法を作っておくことが望ましい。しかし、実際には、これらの立法は、事案が発生した後に策定されることが多い。

一方、想定される事態ばかりが国家的危機として発生するとは限らず、あらゆる国家的緊急事態に際し、効果的かつ効率的に事態対処を行うためには、一定の緊急事態に際しては、内閣総理大臣に、特別の手続きにより立法措置と同様の命令を発する権限を与えることを、憲法に規定しておくことも重要なことであるが、我が国の憲法にはこうした規定はない。

> 特別立法──災害対策基本法、大規模地震対策特別措置法（東海地震対策）、武力攻撃事態対処法、国民保護法、原子力災害対策特別措置法、インフルエンザ対策特別措置法、etc.

③ 内閣官房の役割
ア 内閣官房の権限と責任

内閣官房の役割としては、第一に、各省庁の総合調整が挙げられる。

具体的には、内閣法により、内閣官房に与えられた権限のうち、内閣法12条の、

- 「内閣の重要政策に関する基本的な方針に関する企画、立案及び総合調整」
- 「行政各部の施策の統一を図るための企画、立案及び総合調整」

という内閣官房に賦与された権限により、危機に際しての基本方針を定めるとともに、危機に対処するための応急対策を始め、各省庁の緊急事態への対応策が統一的に行われるよう、総合調整を行うこととな

5 緊急事態における我が国の危機管理体制

図7 内閣官房の役割

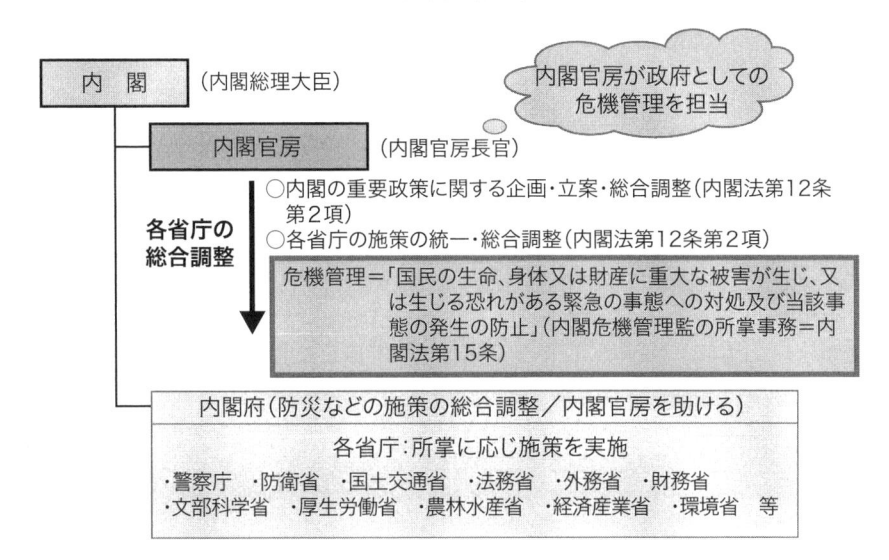

```
内　閣 (内閣総理大臣)
  └─ 内閣官房 (内閣官房長官)   ＊内閣官房が政府としての危機管理を担当

各省庁の総合調整
  ○内閣の重要政策に関する企画・立案・総合調整（内閣法第12条第2項）
  ○各省庁の施策の統一・総合調整（内閣法第12条第2項）

  危機管理＝「国民の生命、身体又は財産に重大な被害が生じ、又は生じる恐れがある緊急の事態への対処及び当該事態の発生の防止」（内閣危機管理監の所掌事務＝内閣法第15条）

  内閣府（防災などの施策の総合調整／内閣官房を助ける）
    各省庁：所掌に応じ施策を実施
    ・警察庁　・防衛省　・国土交通省　・法務省　・外務省　・財務省
    ・文部科学省　・厚生労働省　・農林水産省　・経済産業省　・環境省　等
```

る（図7参照）。

　また、内閣官房には、内閣法15条により、内閣危機管理監一人が置かれ、内閣官房の事務のうち、「国民の生命、身体、財産に重大な被害が生ずるおそれがある緊急の事態への対処及び当該自体の発生の防止」のための事務を統理することとされている。

イ　内閣官房の危機管理体制

　内閣官房の危機管理に関する体制は、図8のとおりで、緊急事態が発生した場合には、内閣総理大臣、内閣官房長官、内閣官房副長官、内閣危機管理監以下の体制により、事態対処に当たることとなる。

　このため、総理大臣官邸の地下には、官邸危機管理センターと内閣情報集約センターとが置かれ、24時間体制で、突発事態が発生した場合であっても、いつでも情報収集と事案対応ができるよう職員が待機している。

図8　内閣官房の危機管理に関する体制

```
                    内閣総理大臣
                        │
                    内閣官房長官
                        │
                   内閣官房副長官
                        │
                   内閣危機管理監
                        │
    ┌───────────────────┼───────────────────┬─────────┐
内閣官房副長官補(2)  内閣官房副長官補      内閣広報官  内閣情報官
                 (事態対処・危機管理担当)
                        │
              ┌─────────┴─────────┐
          危機管理審議官        内閣審議官(3)
                        │
              内閣参事官(事態対処担当、国民保護担当等)
                        │
                   内閣事務官
- - - - - - - - - - - - - - - - - - - - - - - - - - - -
官邸地下      官邸危機管理センター      内閣情報集約センター
```

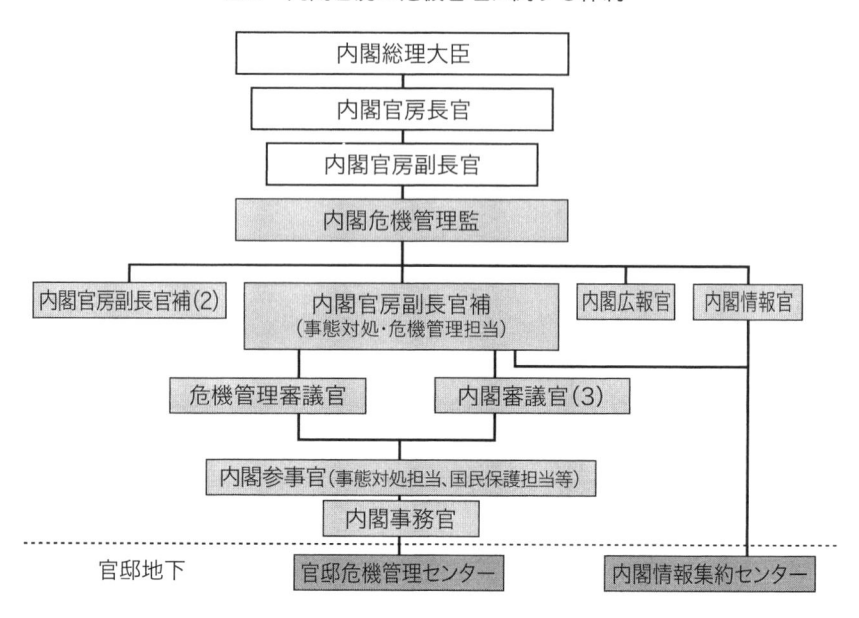

　官邸危機管理センターは、総理大臣官邸の地下に設置された施設で、重大緊急事態をはじめ、国家の危機が発生した場合に、総理大臣以下が参集して、危機に対処するための機能を備えた施設である。

　平成14年に現在の総理大臣官邸が完成するまでは、旧官邸の一室に置かれていたが、施設、装備、面積、資機材、備蓄品等危機対処に必要なものは十分でなく、現在の官邸の完成を期に、これらの充実が図られた。

　官邸危機管理センターでは、緊急事態が発生した場合に、内閣官房をはじめ各省庁の職員が緊急参集して事態対処に当たるが、そのため、各省庁からの情報収集や分析のための通信施設や資機材、各要員が活動するためのオペレーションルームをはじめ幹部会議室、仮眠室、休憩室等のスペースの確保と、停電、地震等への備えや厳重なセキュリティー管理がなされている。また、事態が長期にわたることを想定しての食料、水、その他必需品の備蓄も行われている。

ここでは、緊急事態に対応できるよう、危機対処要員が24時間体制で配置されている（図9参照）。

図9　官邸危機管理センターの特徴

- **多様な事態に対処**するため、幹部会議室、オペレーションルーム、情報集約室等スペースの確保
- **継続的な対処**のため、仮眠室設置や食糧等の備蓄
- **情報集約・分析**のため、映像、通信、情報処理の最新システム、関係省庁との専用ネットワーク等の配備
- 無停電設備、自家発電設備、床免震構造などにより**高度な安全性**の確保
- 電波漏洩対策、厳格な入退室管理による**セキュリティ**の確保
- 緊急時に即応できるよう、情報集約要員、危機管理対処要員の**24時間体制**の配置

緊急事態が発生した場合に、各種の情報を迅速に収集把握するため、同じく総理官邸地下には、既に述べたように内閣情報集約センターが設置されている。

内閣情報集約センターでは、関係省庁、民間公共機関、報道機関等からいち早く情報が届けられるよう、関係機関との間には情報が速報され、また、これを収集するための、通信回線をはじめとした施設や体制が構築されており、緊急事態発生時の第一報のみならず、事態対処に必要な情報がいつでも入手できるような設備、資機材が設置してある。

このため、総理官邸にいながら、各省庁に送られてくる映像やデータをはじめ様々な情報が必要に応じいつでも入手できる体制となっている。

また、情報収集とあわせて、緊急重要な情報が関係者に即時通報さ

れるような設備と24時間体制でこれらが可能となるような人的体制が構築されている。

ウ　総理官邸における初動対処の流れ

総理官邸における緊急事態発生時の初動対処体制構築までの流れは以下の通りとなる（図10参照）。

まず、緊急事態が発生するとその第一報は、この情報を最初つかんだ関係省庁、民間公共機関や報道機関から内閣情報集約センターにもたらされることとなる。この情報を把握した内閣情報センターの職員は、これが緊急事態の発生を示すものであると判断したときは、直ちに同じ官邸の地下にいる官邸危機管理センターの職員に速報することとなる。

官邸危機管理センターの職員は、この情報を直ちに事案の性質ごと

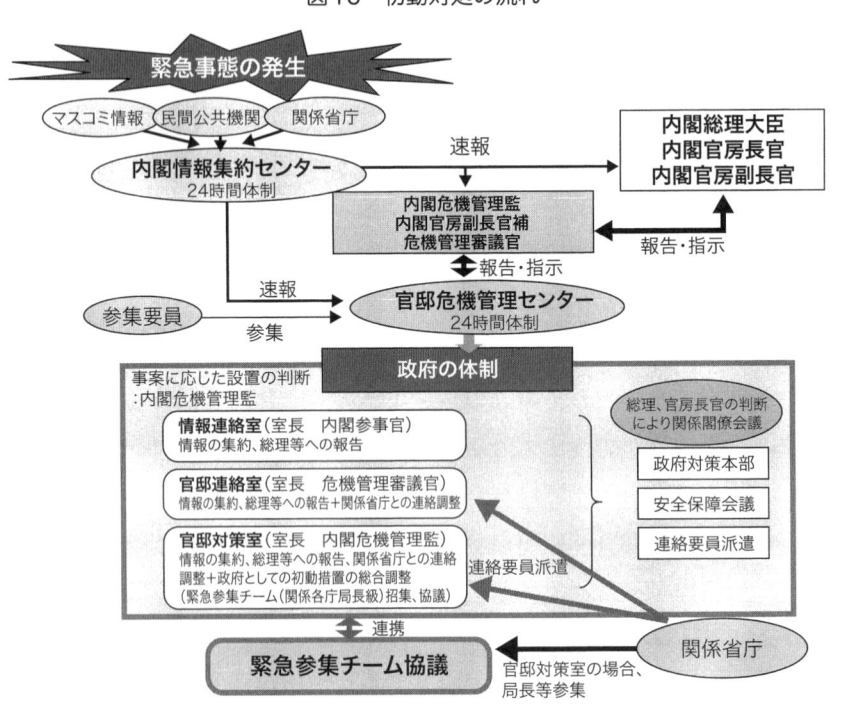

図10　初動対処の流れ

に担当を分担している内閣参事官に報告することとなる。

　内閣参事官は、報告に基づき事案の性格、緊急度、重大性を見極め、緊急事態が発生したことを内閣危機管理監、内閣官房副長官補及び内閣危機管理審議官に報告するとともに情報の更なる要求など事態の把握に努めるとともに及び事態対処体制の検討に入る。

　内閣危機管理監は、この情報を受け、事態の重大性、緊急性に応じて、官邸内に官邸対策室、官邸連絡室又は情報連絡室の組織を立ち上げるかどうかを決定するとともに、重大かつ緊急な事案については内閣総理大臣、内閣官房長官に報告する。

　官邸対策室、官邸連絡室、情報連絡室はそれぞれ、緊急事態に対応した官邸の危機対応組織であり、いずれも総理官邸の危機管理センターに設置される。

・官邸対策室は、緊急事態対処の初動措置を行う組織としては最高レベルの最も緊急度、重大度の高い事態に対応するための組織である。

　室長は、内閣危機管理監であり、政府としての初動措置の総合調整のための情報の集約、関係省庁との連絡を行うほか総理等への報告や政府としての事態対処体制や基本的対処方針の原案作りや事態発生当初時の政府広報案文の作成に当たる。

　官邸対策室が設置される場合は通常、各省庁の局長クラスの幹部からなる緊急参集チームが召集される。

　緊急参集チームは、官邸対策室のメンバーとともに、政府全体の事態対処組織の事務局体制（例：緊急災害対策本部事務局）が整うまで、内閣危機管理監の指揮の下、政府の諸対策の初動活動の総合調整に当たる。

　その後、政府の対応としては、事態の性格、大きさ、緊急性等によるが、緊急重大事案対処のため、政府対策本部が設置されたり、関係閣僚会議、安全保障会議が開催されることとなる。

・官邸連絡室は、官邸連絡室を設置するまでには至らない事案やまだ至っていない事案の際に設置されるものであり、室長は、内閣危機管理審議官であり、事案の情報集約、総理等への報告、関係省庁との連絡調整に当たる。

　事態に応じて関係省庁の課長クラスの幹部を招集して、連絡調整を行う。事態の進展によっては、官邸対策室に格上げされることもある。

・情報連絡室は、官邸連絡室を設置するまでには至らない事案などの際に設置されるものであり、室長は、内閣参事官であり、事案の情報集約、総理等への報告を行う。各省庁からは、通常、職員の派遣は求めないが、事案によっては、関係省庁から職員の派遣を求めて事態の把握に努める。

エ　緊急参集チームの役割

　緊急事態が発生した場合、それが重大かつ緊急な事態であり、内閣危機管理監が官邸対策室を設置して対応すべき事案であると判断した場合、内閣危機管理監は、事態の態様に応じて、関係する各省庁の局長クラスのメンバーを同時に招集して政府一体となった対応を行うべく、緊急参集チームの会合を直ちに開催する。

　ただ、事態の性質から、緊急参集チームのメンバーの招集が当然必要と考えられる特定の事態については、内閣危機管理監の召集がなくとも、関係局長は、事態発生認知後、自動的に参集することが求められている。具体的には、例えば、東京23区以内で震度5強以上の地震が発生した場合、その他の地域で震度6弱以上の地震が発生した場合や津波警報（大津波）が発表された場合などである。

　参集する各省庁の局長クラスのメンバーは、事態の種類ごとに誰が参集するかはあらかじめ定められており、事態ごとにそのメンバーは異なるものの、危機管理官庁である警察庁、消防庁、防衛省、海上保

安庁では、それぞれ警察庁警備局長、消防庁次長、防衛省運用企画局長、海上保安庁警備救難監等は、ほぼすべての事態において緊急参集チームの参集メンバーである。その他の省庁にあっては、例えば、国土交通省では、自然災害では、河川局長、航空機のハイジャック事案では航空局長、鉄道災害では鉄道局長とメンバーが異なってくる。

　緊急参集チームにおいて各省庁の局長が集まる理由としては、基本的に緊急参集チームの会合では、政府としての基本的対処方針案や各省庁の応急対策の総合調整が行われるため、実務上の各省庁の責任者である局長が協議することにより、迅速な結論を得ることが可能となるからである。

　言わば、緊急参集チームは、関係者が一堂に会し、情報を収集、集約して行く中で事態の共通認識を得るとともに、政府としての方針案をはじめ対応策等の物事を迅速に決定し、各省に周知して行く場である。最終的な決定権者は各省大臣であるとしても、実務面においては、局長は実質の決定権者であり、迅速な政府としての対応策が求められる緊急事態においては、迅速な意思決定を行う必要があるが、これまでも緊急参集チームにおける総合調整が極めて有効に機能してきている。阪神・淡路大震災の教訓から作られた制度であるが、政府全体の初動対応策を決定していく上で、我が国の内閣制度によくマッチした仕組みであると言える。

　平成23年の福島第一原子力発電所の事故の際は、政府の原子力災害対策本部の事務局が数ヶ月間にわたり実質的に立ち上がらず、機能しなかったため、緊急参集チームが数ヶ月にわたり、原子力事故の初動対応を継続したこともあった。

④　国と地方の役割
ア　特別法における国と地方自治体の役割
　緊急事態が発生した場合の国と地方自治体のそれぞれの役割につい

ては、事態の性格、態様により異なってくることは既に述べたが、特に地方自治体の役割については、地方自治法で定める住民の安全を守るという基本的な役割に加え、特別法により、緊急事態に備えてあるいは緊急事態に際して地方自治体が行うべき役割が定まったものがある。

■例　災害対策基本法〜緊急時に国、地方自治体及び国民に与えられた権限と義務

国　　　：防災基本計画の策定、実施、緊急災害対策本部長の地方自治体等に対する指示、調整等
都道府県：都道府県地域防災計画の策定、災害応急対策の実施、市町村に対する指示、調整、市町村の事務代行、県民に対する応急措置従事命令、協力命令、土地建物の一時使用、物資の収用等
市 町 村：市町村地域防災計画の策定、避難の指示、警戒区域の設定、災害応急措置、住民に対する応急措置従事命令、協力命令、土地建物の一時使用、物資の収容、災害応急公用負担の権限等
国　　民：災害異常情報通報義務、知事、市町村長の従事命令、協力命令受任義務等

イ　政府現地対策本部

　緊急事態が発生した場合、政府の対策本部の事務の一部を行わせる機関として政府の現地対策本部を設置することができるようになっている法制は多い。この場合、現地対策本部長は、特別法の規定により、政府を代表して地元の地方自治体と調整を行ったり、対策本部長の権限の一部を分掌して、都道府県知事や市町村長に指示したり、調整を行うことが期待されている場合が多い。

ウ　情報収集ルート及び応急対策の実施指揮ルート

　緊急事態が発生した場合、政府としては、事態の発生している現地の情報を収集するとともに、緊急事態への対処を早急に行っていくことが必要となるが、この場合、情報は多方面から収集する必要があるものの、主としてどのルートを情報収集の主ルートとするか、すなわち都道府県か或いは政府の出先機関か、又は政府の現地対策本部かを決めることが必要となることが多い。

　なぜなら、例えば、ある一つの事象が発生したという情報は、三つのルートから届けられることとなるが、それが同じ事象なのか、異なる事象なのかは、情報の受け手は判断できないことが多く、通常は、三つのルートのうち、スピード、信頼性に勝るルートを主要な情報収集ルートとして活用していくこととなる。

　同じことは、応急対策の実施に関しても言え、どのルートを主要なルートとして命令を伝達し、応急対策を実施させていくかを決定して行くことは、一つの命令や要請が誤って重複して複数の命令や要請とならぬためにも必要なことであり、とりわけ現場が混乱している場面では重要な留意点である。

エ　政府の行政ルートを通じた情報収集と指揮命令

　現在の政府の各種危機管理における対応としては、情報収集においても、また、応急対策の指示命令においても、通常の国の行政ルートを通じたやり方で行われることが多い。

　これは、情報収集、命令伝達の迅速性、情報の信頼性、応急対策実施の迅速性、確実性のいずれも、国の行政ルートを通じて行うほうが他のルートよりも上回っているからである。

　それは、国の機関のほうが通常、当該都道府県より各種緊急事態の経験が豊富（都道府県は、平均して国の四十七分の一の経験しかない。）の上、都道府県で一旦情報を集約整理して報告されるより、国の機関

で直接情報を収集し、整理分析する方が迅速、効率的であるからである。また、命令の実施においても同じことが言えるからである。

一方、政府の現地対策本部は、臨時の組織、場所であるため、スタッフの数、装備資機材の質量ともに、政府のそれぞれの出先機関の集合体と比べるまでもなく弱体であり、応急対策の実施面で活用できる場面は限られている。そのため、その役割も、専ら現地の各機関との調整や、意見、要望の聞き取り、国の方針の現地への説明等を行うこととなる。これまでも、平成12年の有珠山噴火及び東日本大震災並びに福島第一原子力発電所の事故の際に設置されたのみであり、実際の活動もこうした上記の活動に限られていた。

なお、福島第一原子力発電所の事故における政府の現地対策本部は、当初予定（期待）されていた活動すらまったく行えず、現地の要望の聞き取りに終始した。

事例63◆福島第一原子力発電所の事故の際の政府現地対策本部
～現実には、本部長の権限は一切分掌されなかった～

平成23年3月の福島第一原子力発電所の事故に際しては、東京電力からの原子力災害特別措置法に基づく緊急事態の発生を知らせる第15条通報が行われた後、政府においては総理大臣を本部長とする原子力災害対策本部を設置するとともに、福島現地にも政府現地対策本部を設置することを原子力災害本部の第一回会合で決定した。

同法では、政府の現地対策本部は、災害の現地にあって、原子力事故に伴う住民の避難や現地における様々な事故対応のための活動の司令塔となることが期待され、そのため、本部長の権限の一部を授権することが予定されており、そのためには、現地における情報収集、状況判断、事故対策の実施状況の把握と活動方針の決定と指揮などを行うための人的能力、あるいは専門性や情報収集や指揮を行うことがで

きる物理的体制も必要であるが、現実には、人的、物的な基本的情報収集能力や専門性に欠けており、そのため、状況判断や指揮を行わせること自体が無理と判断されたため、なんらの授権も行われなかった。

　加えて、事故発生後早々に、原子力発電所内にあって事故の進展状況や対応状況を監視、監督し、現地対策本部に報告すべき原子力安全・保安院の担当者が発電所の現場から撤退してしまったり、現地対策本部として機能することが期待されたオフサイトセンターが停電や放射能に耐えられる構造でなかったため機能せず、現地対策本部は、発電所から遠く離れた福島市内に置かれるなど、その後においても期待された機能を発揮することなく、最後まで本部長の権限の一部が政府の現地対策本部長に授権されることはなかった。

⑤　国民の役割
ア　平時の役割と緊急時の役割

　国家における緊急事態に備えての、あるいは、緊急事態が発生した場合の国民の役割については、既に述べたところであるが、我が国においての国民の役割について、法的に定められた典型的なものとしては、災害対策基本法で定められたものがある。

　そこでは、緊急時において必要とあれば災害応急対策に参加することが求められるほか、様々な受忍義務も求められる。一方、緊急事態に備えた、平時における国民の役割については、災害対策基本法では特段の義務等を定めたものはない。このことは、他の緊急事態対処法においても同様となっている。

　ただ、各種の訓練等に参加することや、自ら危機に備えた対応をすることは、日頃からの心構えとしても、また、道義的にも国民に広く求められるところであろう。

イ　消防団、水防団、予備自衛官他

　一般の国民が、緊急事態に際して自発的に各種の応急対策のための活動をすることが予定されているものとしては、制度的にも幾つか見られる。

　火事や災害に対応する消防団、水害に対応する水防団、また武力攻撃事態や災害に対応するための予備自衛官など、国民の自発的意思により緊急時に対応するための法的に裏付けのある組織的活動が予定されているものがある。一方、法的には組織化されてはいないものの、災害時や緊急重大事態の発生時に召集され、災害被災地等において医療活動を行うDMAT（災害派遣医療チーム：Disaster Medical Assistance Team）等の活躍も見逃せない。

　また、近年は、各種ボランティア活動も国民の応急対策時における活動として活発化してきている。

ウ　被災者の役割

　緊急事態の発生により被災した住民は、通常、避難施設等において当面の生活を送ることとなるが、この場合においても、避難所の運営に当たっては、水、食料、医薬品、生活用品の確保、医療、衛生面の確保、各種困りごとや精神面でのケアなど多くの手間と人員を要する場合が多い。

　このため、その運営に当たっては、被災者自身がその一翼を担うということが求められるが、実際には、その在り様は避難所ごとに異なっており、被災者の役割をあらかじめどう位置づけておくかは、重要な課題である。

　同様のことは、大都市において、地震等のために交通機関が途絶し、直ちには自宅に帰れなくなった人々の役割についても言え、帰宅困難者と呼ばれる彼らは、自らは大きな被災をしていないにもかかわらず、あえて勤務先や学校を出て自宅へ帰るという困難に自分から突き進み

被災するという側面がある。

　会社や学校に残って危険を避けるなり、更には一歩進んで近隣の被災者を救済する活動を行うなどの行動を取ることが求められるにもかかわらず、実際には、ただただ家族の安否を確かめに自宅へ一目散に帰ろうとする行動パターンは、災害時の各種応急対策活動への大きな障害になるのみならず、新たな被災者の発生をも作り出すこととなっている。

　基本的には、大都市の職場や学校の人々は、中小の都市や地方における場合と同様、職場や学校単位で、災害発生時の対応策を検討し、日頃から、避難対策をはじめ受傷防止対策、食料品、水、医薬品、寝具等の備蓄、更には、近隣の被災者に対する救助活動に備えた活動要領の制定などを行うべきであり、そうした事態を想定して、あらかじめ、被災者になるのではなく、むしろ近隣の被災者の救助者となるとの心構えで準備を行っておくこともまた重要となる。

　一方、デパート等での買い物やレジャーで都心にいた際に突然地震などの災害に会う場面も考えられるのであり、こうしたデパート、興行施設、商店等においても利用客の安全確保と帰宅困難者に対する応急対策について日頃から対策を講じておくことも困難であるが重要である。

(2) 我が国における危機の態様に応じた危機管理の姿

① 事態ごとに対応組織は変化

　国家の危機には様々な種類の危機があり、いずれの危機においても政府を挙げて国全体として事態に対処することとなっているが、事態の性質に応じて緊急事態に対応する部局の濃淡は異なってくる。警察、自衛隊、消防、海上保安庁や国土交通省のように常に役割のある、いわゆる危機管理官庁といわれる官庁もある一方、特定の事象の場合しか役割があまりない官庁もある。

危機管理の基本は、原因を問わずいかに的確に対応するかであり、原因や起ころうとしている事態、あるいはその対応の方法は異なっていても、対応の基本はそれほど変わらないというのが正しく、日頃から様々な事象に対応しているいわゆる危機管理官庁は、どのような危機が発生しても、これに対応する力とある意味での経験を有しているということができる。言わば、何時起こるかわからない様々な危機に常に対応している官庁にあっては、いつも想定外の事態に対応しているということができ、どのような事態が発生しようともとりあえずの対応は常に行える体制にあるということでもある。

　一方、特定の事象にしか対応することのない、普段はあまり危機管理を行う機会の少ない官庁は、普段から当該省庁が所管する特定の事象の危機管理についてのみ準備や訓練などに専念すればよく、また、それだけ行っていれば事足りるにもかかわらず、実際に危機が発生した場合においては、個々の要員の経験の少なさや事態が滅多に起きないがゆえの準備不足により十分に対応できないということが多い。また、想定どおりの危機に際しては対応できても、想定以上の事態には対応できないということもある。

　また、こうした官庁は、当該省庁が所管する危機の発生に際しては、各官庁の中心となって対応すべきキープレイヤーとなるわけであるが、そのキープレイヤーたる官庁が経験不足や準備不足により機能せず、危機管理全体が十分機能しなくなるということも多い。

　このため、特定の事象についてのみ危機管理を行う官庁にあっては、普段から他の事象の危機対応に従事する機会が少ない分、経験不足や応用能力不足となることが多いため、平時から、所管する業務の危機の想定とその想定に基づく訓練に励む必要が高いということとなる。

事例64◆原子力安全・保安院と原子力安全委員会及び東京電力

　平成10年（1998年）9月30日に発生した茨城県東海村のJCOの事故を契機に作られた原子力災害対策特別措置法及びその実施体制案においては、商業用原子炉における重大事故が発生した場合は、政府に原子力災害対策本部を設置するとともに、原子力安全・保安院を中心に各省庁の職員からなる対策本部の事務局を構成し、原子力安全・保安院長が事務局長として政府全体の事故対応に当たることが予定されていたが、原子力安全・保安院の経験不足や重大事故の想定とこの想定に基づく訓練がまったくと言ってよいほど行われていなかったため、現実に3月11日、東京電力福島第一原子力発電所において重大事故が発生したときには、なす術もなく、事務局を早急に構築して事故対応の中心的役割を果たすということができなかった。

　原子力安全委員会についても、委員や事務局員の経験不足や実際に事故が発生したことを想定した訓練が十分行われていなかったため、実際に事故が発生したときには、当初、委員会としての組織的対応といったものはほとんど見られず、必要な専門家の召集による事務分担によって、事項ごとに専門的助言を行うといった活動は行われず、委員の個人的見解により専門的助言が行われるといった状況であった。

　同様のことは、東京電力の対応についても言うことができ、東京電力においても事故発生当初の事故対応のあり方は、組織的に機能していたとはとても言い難く、原子力安全・保安院と同様、事態の把握も事態進展の予測もできないまま、後追い的に事態に対応するといった状況が見られた。

　いずれも、重大事故の発生を、現実的に起こり得るものとしての各種想定やこれに基づく実戦的な訓練が行われなかったことに起因すると言えよう。

事例65◆口蹄疫発生時の農林水産省

　平成22年、宮崎県で口蹄疫が発生した際、戦後、我が国で口蹄疫が発生したのは、平成12年の宮崎県における発生に次いで二回目であったが、平成12年の時は比較的早期に発見され、事態の終息も早かったことから、平成22年の時の農林水産省の対応も県の対応もこれに準じたやり方で対応しようとしていた。

　しかし、実際には、後で判明したことではあるが口蹄疫の発見が大幅に遅れていたことにより既に潜在的な感染が拡大していたことと、当初の宮崎県及び国の対応が極めて不十分な対応であったため、感染拡大への対応が間に合わない状況となっていた。その結果、新たな感染拡大により、殺処分、埋却すべき家畜の数よりも実際に殺処分、埋却を行っている家畜の数は、はるかに下回り、感染したまま放置されている患畜の数は日に日に増加し、そこから感染が拡大する事態となっていた。

　こうした事態になっても日頃から危機管理のプレーヤーとしての経験の少ない農林水産省は、具体的対応策を打ち出せず、このままでは、感染拡大は留まるところを知らず、宮崎県内はおろか全国にも拡大しかねないという危機的状況にまで達した。

　そこで、内閣官房の主導により、事態沈静化のための対応策がとられ、全国からの家畜防疫員の大量動員、また、自衛隊、警察、国土交通省等の他省庁の協力を求めて、人員、物資、資機材の集中運用、更には特別立法による農林水産大臣への知事に対する指示権の賦与など、国の権限強化により、最終的には他県に飛び火することなく事態の終息が図られた。

　緊急事態における対応の経験の少ない場合は、日頃の危機の想定とこれに基づく訓練が不十分なことが多く、実際に危機が発生した場合に対応に大きな支障を生ずる結果となる典型例であった。

5 緊急事態における我が国の危機管理体制

事例66◆豚由来新型インフルエンザ発生時の厚生労働省と大阪府

　平成21年（2009年）4月に、豚由来の新型インフルエンザの発生がWHOにより報告され、我が国にも感染の危険が迫ったとき、政府は、直ちに新型インフルエンザ対策本部を設置して全省庁一丸となった対応に当たることとなったが、事態は感染症であり、厚生労働省が中心となって対策に当たるべきところ、厚生労働省も新型感染症の国内でのパンデミック対策は経験もなく、改定された政府の新型インフルエンザ対策行動計画も同年2月に制定されたばかりで、政府全体はおろか同省の訓練も十分とは言えなかった。

　このため、同インフルエンザが世界的なパンデミックとなり、我が国へもほぼ想定どおりに侵入してきたとき、インフルエンザ対策行動計画の具体的実施に当たっては、厚生労働省においても様々な混乱が見られたほか、現実に兵庫県において我が国で最初の患者が発見され、続いてそれが隣接の大阪府に飛び火したとき、それまでに十分な準備が行われていなかった大阪府では、わずか二日で行動計画に基づく対策が破綻するといった事態が見られた。

　いずれも、それまでの想定に基づく準備や訓練の不足が原因と言えよう。

発生国からの来航機に対する機内検疫
（厚生労働省提供）

② 各種緊急事態における対応すべき主な官庁
ア 各省庁と内閣官房
各種緊急事態が発生した場合の主として対応することとなる官庁を例示すれば、緊急事態ごとに以下の通りとなる。

- 自然災害〜警察、消防、自衛隊、海保、国交省、気象庁、厚労省他
- インフルエンザ〜厚労省、入管、外務省、警察、消防、自衛隊他
- 原子力災害〜原子力規制庁、警察、消防、自衛隊、厚労省、国交省他
- ハイジャック〜国交省、警察、自衛隊、外務省、消防他
- 武力攻撃事態〜自衛隊、外務省、警察、消防、国交省、海上保安庁、厚労省他すべての省庁

上記以外にも様々な危機があるが、いずれの場合も政府全体としての対応が求められており、既に述べたとおり、政府の活動の統一と調整を行うため、内閣官房が中心となって各省庁の活動の調整を行うほか、緊急重大事態の場合は政府部内に緊急対応組織（例えば○○対策本部）を構築して対応に当たることとなる。

イ どの組織も危機管理の主体
緊急事態に際しては、各省庁がそれぞれ事態対処の活動を行うこととなるが、ここで大事なことは、各省庁が主体的に活動するということである。

事態に応じて当然キープレイヤーとして中心となる省庁が出てくるのは当然としても、各省庁がその中心となる省庁の仕事を側面から支援するといった形になった場合は、実は支援する各省庁の対応は極めて低調なものとなることが多いということである。

側面からの支援ということでは、危機管理対応の責任は中心となる省庁にあり、事態の収束ができるかどうかはすべて当該中心の省庁にあるということになりかねず、政府一丸となった、あるいは政府を挙げての対応とは程遠い実態となることが往々にしてあるからである。

このため、内閣官房が中心となって、中心となる省庁及びそれ以外の省庁に対してそれぞれの省庁の任務分担を行い、その分担された任務の遂行に関しては、すべて当該分担省庁の責任であるとの役割の自覚を与えることで、各省庁が主体的にその任務遂行を行うようになる。このことにより、各省庁が一体となって国としての活動を行うことができるようになる。

言ってみれば、各省庁もお手伝いでは力が出ないということであり、それぞれの省庁の任務と自覚して初めて力が発揮できるということとなるのである。

政府が一体となって対応して行くためには、各省庁に役割分担行い、各省庁がその役割を自覚し、自分の仕事と考えることが重要ということである。

事例67◆阪神・淡路大震災時の各省庁の対応

平成7年（1995年）1月の阪神・淡路大震災に際しては、当時、内閣官房に、緊急事態に対応するための組織、人員もなく、災害の対応は、国としては国土庁防災局が担当するということとなっていた。このため、各省庁にあっては、それぞれの所掌に基づき各省庁が必要と考える災害応急対策を実施しており、震災全体を見通しての各省庁の役割分担を行う組織もなければ、対策の過不足を調整する組織もなく、政府の対策本部としては、総理を本部長とする緊急災害対策本部ではなく、国務大臣を本部長とする非常災害対策本部ができただけであったため、本部長の各省庁に対する指示、調整もほとんど行われな

> かった。
> 　また、国土庁に設置された非常災害対策本部の事務局も国土庁の防災局職員と各省庁の若手職員からのみ構成されており、各省庁からの情報の集約や複数の省庁を巻き込んでの新たな対策の検討などもほとんど行われていなかった。
> 　各省庁間の調整は、自省庁の対策実施上必要と感じた省庁がそれぞれ独自に行っていた。

③　組織間の連携のあり方の変化

　危機の態様に応じて中心となる省庁が異なってくることは既に述べたとおりであるが、当然ながら危機対応に当たっての情報の収集、集約ルートやこれに基づくオペレーションの指揮系統も異なってくる。

　また、政府の対策本部や各省庁が連携して行う体制についても、危機の態様の違いに応じ、その事務局の中心となる省庁やそれぞれの省庁の役割も変化することとなる。

　このため、あらかじめ事案ごとにどの省庁や地方組織がどういう役割を担うのかの役割分担を定め、それぞれの省庁に認識させるとともに、訓練を通じて担当者に役割を確認させることが重要となる。机上の役割分担だけでは、突発的に発生する危機に際しては機能しないと考えるべきである。

　また、毎年のように担当者は人事異動で交代するため、通常のルーティンワークではない危機対応業務における役割は、新しく異動した人間には、ほとんど認識されることはない。このため、常に役割分担の認識のための努力、具体的には、事態ごとに最低毎年一回は訓練を行うなどの努力が重要となる。

　政府一体となった対応を行うためには、各省庁の連携が重要であるが、事態ごとにそれぞれの役割に変化があるため、その連携をうまく行うための訓練や工夫が必要となる。

④　危機の態様は変化しても危機管理のパターンは類似

　危機の態様により危機管理の内容やなすべき業務には大きな違いが出てくるが、基本的な危機管理の考え方は大きく変わるものではない。

　危機管理に当たって中心となる省庁、言わばキープレーヤーの変化はあるものの、危機に当たって、被災者の救出、被害拡大の防止、危機の連鎖の防止、クライシスコミュニケーションの実施、ガバナンスの維持といったクライシスマネジメントの目的は不変であり、危機対応における優先順位の考え方も不変である。

　危機の態様は変化しても危機管理のパターンは類似しているということができる。言葉を変えれば、危機管理における心構えや哲学は、常に変わらないということでもある。

⑤　緊急事態対処体制の構築～どのような体制か、何をするのか～

　緊急事態が発生した場合、危機対応に当たる緊急事態対処体制を迅速に構築すべきことは既に述べたが、どのような体制、組織で臨むべきなのか、そしてその体制、組織は何をするのか、目標設定や優先順位はどうやって決めていくのかということが重要となる。

　クライシスマネジメントは、事態の発生が突発的かつ予測不能であり、事態は重大であるため、判断、処理のための時間は短時間の上、処理すべき事柄は膨大なものとなる。

　このため、当然ながら緊急事態対処体制は、通常のルーティンワークとはまったく異なる体制とメンバーからなる臨時で大きなものとなるが、その主な役割と体制は、どのような緊急事態に対処する体制であってもほぼ同様であり、基本的には、

　①　体制全体の方針や目標を定める最高責任者
　②　体制全体の業務を取り仕切る責任者及びその補助者
　③　業務ごとの事務を取り仕切る責任者とそのスタッフ

から成る。

③の業務については、
- Ⅰ　体制全体の庶務（予算、人事、文書、資機材、事務支援等）を行う総務班
- Ⅱ　危機対応を行う対策班
- Ⅲ　危機対策を支援するほか関係先との連絡調整を行う対策支援班
- Ⅳ　各種情報を収集、集約、分析を行う情報班
- Ⅴ　広報（クライシスコミュニケーション）を行う広報班

等があるが、危機の態様ごとに、それぞれの業務（特にⅡとⅢ）は、細分化され、事態の重大性に応じて陣容も膨大なものから比較的小規模なものとなる（東日本大震災の際の政府の対策本部の事務局は、数百人規模となった。）。

基本的には、陣容は大きくなっても、組織は、シンプルかつ①の最高責任者に情報が集約され、指揮命令が一元的に発せられることが何より重要となる。

なお、危機対応の現場で活動する要員は、これらとはまったく別の要員であり、これら危機の現場の要員の数は、事態の規模に応じて大規模なものとなり得るが、それぞれが業務ごとの責任者の指揮を受けながら活動を行うほか、情報をそれぞれのルートを通じて責任者に報告することとなる。

どのメンバーの業務も、言わば臨時の体制における業務となるため、組織及び情報連絡、指揮体制の単純化が求められる。

クライシスマネジメントの目標設定、優先順位、対応方針等の重要事項の決定は、基本的には、②の業務全体を取り仕切る責任者と③の業務ごとの事務を取り仕切る責任者が一堂に会し、定期的かつ頻繁に協議を重ねる中で素案を作成し、同席する①の最高責任者の決済を受けて決定されていくこととなる。

①の最高責任者が最初から素案作りに参画することは、最高責任者

の素案が評価されないまま決定される恐れがあり好ましくない。

　③の業務ごとの事務を取り仕切る責任者あるいは更に細分化された業務の事務責任者は、当該業務の企画、立案、執行に全責任を有することになるが、組織としての責任は、あくまで①と②の責任者が負うこととなる。

　このため、①の最高責任者は、国では総理大臣、地方自治体では首長、会社では社長が勤めることとなるのが通常である。

　なお、②及び③の業務責任者には、それぞれ補助者（代理者）を置くことが重要である。危機対応が長期間に及ぶ場合や、責任者が所要のため不在になる場合などにおいて、継続的に協議や意思決定を行っていくためにも、補助者の存在は重要である。

　こうした組織、体制を作った場合は、常に情報が集中し、指揮命令が的確に行われるよう特別の部屋やスペースが用意されなければならないことは、既に述べたとおりである。

6 平時と危機発生後に行うべきこと

　危機管理は危機が発生したときに行うことばかりではない。むしろ、様々な危機を予想し、そうした危機の発生を予防し、また、危機が発生したときの被害の最小化のための施策を準備し、危機発生に際しての対応する体制を整備しておくといった事前の準備こそが、危機発生に際しての危機の早期の収束を可能にするとともに被害の拡大を防止するのである。

　危機管理のうちリスクマネジメントと称すべきものであり、現実に発生した危機に対応するクライシスマネジメントとは異なり、危機をいかに想定し、これに備えていくかというものである。

　言葉を変えれば、クライシスマネジメントがうまく行くかどうかは、平時において危機を想定してどれだけ準備してきたかにかかっているといっても過言ではない。リスクマネジメントがいかに重要であるかの所以である。

(1) 平　時

①　危機の想定〜イマジネーションの力〜

　危機管理において最も重要なことの一つは、あらかじめ、起こり得る危機にはどのようなものがあるかを事前に想定しておくことである。

　どのような危機が起こり得るのか、またそのような危機が発生した場合はどのような事態が起こり得るのか、そして、そのような危機による被害を予防するにはどのような対策があるのか、また、そのような危機が発生した場合、どのような組織が中心となって、どのような

方法でその危機による被害拡大を防止していくのか、などをあらかじめ考えておくことが重要である。

危機の想定は、言わばイマジネーションの問題であり、起こり得る可能性や被害の大きさを想定しておくことは、イマジネーションの能力と現状への危機意識さえあればそれほど難しいことではない。

しかし、イマジネーションの力なきところには、現状に対する危機感も乏しくなり、その結果、危機感なきところには、平時において危機を想定することも困難であるという状況に陥りやすいという現実がある。

また、様々な危機が発生するとの基本的認識はあっても、その危機が、
○おそらくすぐには来ないであろう。
○来てもたいしたことはないだろう。
○来ても自分は何とか無事だろう。
○明日も今日と同じような平穏な日が続くだろう。

といった根拠のない希望的観測により現実感の乏しいものとなり、こうした楽観こそが、危機意識の欠如とイマジネーションの不足を生み出す要因となる。

また、何事においても言えることではあるが、現状に対する危機感がなければ、危機に対する対策を考え、これを実行に移すエネルギーは生まれない。

危機を近々発生する現実問題として捉え、その対策を考えることは、相当な労力と時間及び費用を要することであり、また、当面の日常的活動とは関係のない事柄であることが多いため、通常の業務処理に加えて、新たに労力や時間、更に費用をかけることは、かなりのエネルギーを必要とすることであるからである。

その結果、危機感なきところでは、危機の想定は漠然とは行われても、具体的な危機の想定やこれに対する対策も行われず、危機が発生したときには想定外の危機となり、危機に対しても対応不能となる。

その結果、被害は拡大し、そして甚大な被害を生ずる結果となる。
　図式的には、

　　危機の発生→想定外→対応不能→被害拡大→被害甚大

となることとなる。
　現実の中から現実に存在しない将来の危機をイメージすることができるかどうかは、言葉を変えて言えば現実を見る力があるかどうかでもある。現状を分析し、そこに危機発生時のイメージを重ねることにより、起こるであろう危機的状況を見通す力こそイマジネーションの源であろう。それは、自らがかかわる現実の中にどれほど問題点を発見し、かつ、そのことを深刻にとらえ、解決策を真剣に考えることができるかの問題でもある。
　こうしたイマジネーションの力は、残念ながら個人差があるのも事実である。しかし、常日頃から先を見通す力を養い、また、過去発生した危機を真剣に学び、想定した危機に基づいて訓練を重ねることで力をつけていくことも不可能ではない。
　危機は、通常、突然発生するものであり、危機が発生した場合、直ちに反射的に対応していかねばならず、危機が発生してからでは、様々な対策や手段を考える時間的余裕はほとんどない。このため、危機が発生してから対策を考えているようでは、被害は拡大し、対策も後手に回り、甚大な被害をもたらす。これを避けるためにも、平時における危機の想定は、危機管理において最も重要な事柄の一つなのである。

② 様々な種類の想定〜態様、烈度、範囲
ア　様々な危機の想定
　起こり得る危機には、2章(1)で述べたとおり様々のものがあるが、これらに対応するためには、これらそれぞれについて、危機の態様、烈度、範囲、連鎖の危険等起こり得る事態を考えられる範囲で想定

するとともに、それぞれに応じた対策を考えておくことが重要である。

そのためには、①で述べたようにイマジネーションが重要となってくる。ある事態を想定し、もしそうした事態が現実に起こったとすれば、まず何がどうなるのか。そして、人々はどう被害を受け、また被害を避けるためにどう行動するのか。一方、こうした被害を避けるためには、どういった防止策や発生した際の応急対策、また、被害拡大防止策があるのか、それは、現実的にも機能するのか等々について、危機の態様ごとに烈度、範囲を考えつつ想定していくことが極めて重要である。

その際、過去に現実に起きた事例をつぶさに検証して、被害の状況、対応策の状況、その有効性、反省点、問題点等につき考察し、次の想定に活かしていくことは大いに意義あることである。

イ　危機（脅威）の研究

危機の様々な態様について想定するに当たり、当該危機がどのような性質のものであり、どのようなことが危険であり、人的、物的被害をもたらすものなのか、また、これを避け、防止し、克服するためには何が必要で、その際の留意点は何かといういわゆる危機のメカニズムについてあらかじめ研究しておくことは極めて重要なことである。

危機は何もなじみ深い自然災害ばかりが起こるわけではない。我が国で初めての危機や人類史上初めての危機が起こる可能性も身近にあると考えておくことが重要である。また、なじみのない危機も、その性質や危機のメカニズムを良く知ることで、対応にも自信を持って当たることができる。

危機の性質を知り、危機のメカニズムの内容を理解し、その被害を防止し、克服する方法を知ることができれば、危機管理は基本的には先に述べたとおり、パターンは同じであり、プレーヤーと手法が異な

るだけなのである。

　危機の性質や態様に応じて研究すべき事柄は変化して行くが、例を挙げれば以下の通りである。

■例1　強毒性の新型インフルエンザの発生

　新型インフルエンザの特性と治療方法、抗インフルエンザ薬の有効性と備蓄状況、ワクチンの製造体制、接種体制、医療機関の体制、水際対策の体制と有効性、感染拡大防止のための対策、パンデミック発生時の国、地方自治体の緊急時特別体制、国民生活維持のための体制及びこれらの対策を通じての課題と問題点及び事前、事後の解決策など、研究すべき事柄は多岐にわたる。

■例2　大規模サイバーテロ

　近年、政府機関、重要インフラ施設等のコンピュータシステムに対して、DDOS攻撃や標的型メール攻撃等によるサイバー攻撃が行われる事案が見られるようになったほか、スタンドアローン型のコンピュータシステムに対しても仕掛けられたデバイスによるサイバー攻撃が行われ、政府機関や重要インフラ施設のコンピュータ機能が停止してしまうという事案が次々と発生するようになった。

　こうした政府機関や重要インフラ施設に対するサイバー攻撃は、国家的レベルで行われることが多くなっており、これまでこうした事態がそれほど多く発生してこなかった我が国においても、極めて組織的かつ大規模なサイバー攻撃事案が発生する懸念が高まっている。

　こうした大規模サイバーテロに対して、被害の未然防止や拡大防止のための技術や対策の研究は、焦眉の急の課題と言え、武力攻撃事態と同様の被害をもたらす国家による攻撃の場合における対応策等についても研究を重ねることが重要となっている。

■例3　朝鮮半島からの大量避難民の来訪
　起こり得る状況と原因、起こり得る事態とその規模及び対応策、対応策実施のための人的、物的資源確保の可能性、事態が引き起こす新たな危機の想定、事態対処における各場面での問題点と解決策など研究すべき事柄は多い。

■例4　各種ABCテロの発生
　各種のAテロ、Bテロ、Cテロの種類に応じた、危機の原因となる核物質、病原体、化学剤ごとの危険性、特性、過去の使用状況、治療法、治療薬の備蓄状況、備蓄場所、専門的医療機関の有無、治療体制、防護体制の有無とある場合のその機関の所在地と体制などを把握しておく必要がある。

ウ　人間の行動予測
　また、こうした危機の想定を行う際のイマジネーションの中でも、危機に際しての人間の行動予測を行うことは、重要な要素の一つとなる。
　危機に際しては、突然の事態であるだけに、また、身に危険を感じる事態であるだけに、人はパニックに陥りがちである。危険から逃れようとする人々や危機対応に当たる人々の中にもパニックに陥り、本来期待される行動とは異なり、通常とは違う行動を取るようなこともある。本来の危機による被害もさることながら、これらの人間の行動が危機を拡大するといった事態も考慮する必要がある。言わば、新たな危機の連鎖の引き金となることもあるということである。
　また、パニックに限らず、危機が発生したときに人々が何を求めるのか、政府に何を期待するのかを予測しておくことも重要となる。

■例　強毒性の新型インフルエンザ発生時の人々の行動予測
　想定すべき事象として、新型インフルエンザ発生の場合の国民の日常

6 平時と危機発生後に行うべきこと

生活、医療機関、交通機関、物流（食料）等の変化と薬、ワクチンの生産、流通、配布状況等に応じた国民の行動様式の変化などインフルエンザ対策が効果的に実施できるかどうかが行動の変化となってくる。

エ 複合事態への備え

また、もう一つ重要なことは、危機は、常に単独で発生するとは限らないということである。往々にしてある危機が発生し、その対応中に新たな別の危機がそれまでの危機と何の関連もなく発生することもあるということである。いわゆる複合事態、あるいは、災害であれば複合災害ということであるが、互いに何の関連もなく対応しなければならないことも多く、要員、対策スペース、資機材等も、もうワンセット必要となるわけで、こうしたことも起こり得るという前提で、危機への備えを行っていることも重要である。

いわゆる冗長性の重要性はここでも発揮される。

事例68◆複合事態への対応──3・11の場合

　平成23年の東北地方太平洋沖地震が発生したとき、内閣危機管理監であった筆者は、直ちに総理官邸内の危機管理センターに官邸対策室を設置し、各省庁の緊急参集要員を召集して、緊急事態対応に当たったが、緊急災害対策本部設置後間もなくして東京電力福島第一原子力発電所においても原子力緊急事態が発生し、原子力災害への対応も同時並行的に実施しなければならなくなった。

　官邸の危機管理センターには、複数の事案に同時に対処するため、あらかじめ、情報収集および指揮を行うための同じ設備が2セット設けられており、そのため、複合事態の発生に際しても、2チームの要員がそれぞれの事態に同時に対応することが可能であった。

　とは言え、平成23年3月11日の事案は、ともに極めて重大かつ事務

量も膨大なものであったために、要員も当初の要員では不足してくるとともに、スペース的にも官邸危機管理センターだけでは入りきれなくなり、内閣府の講堂等を利用しながら事案対応を行うこととなった。

③ 対応策の検討

　様々な危機に対しての想定ができたとしても、またそれぞれの危機についての研究ができ、対応策が理解できたとしても、重要なことは、具体的対応策をいかに策定し、これを実行に移していくかということである。正に、「言うは易し、行うは難し」の現実と向き合うこととなる。

　様々な危機に応じた具体的対応策を講じていくことの重要性は既に述べたとおりであるが、一方、あらゆる危機に対し、すべてにおいて万全の体制をとるということも、また実現可能性のあることではない。危機の態様も様々であるが、その烈度もまた様々であり、その最も烈度の激しいものを対象に対策を取ることが現実的には困難な場合も多いからである。

　危機への対策には、危機の発生を防止するものや危機が発生した場合にこれを避けるもの、あるいは、危機と正面から向き合いこれを克服するものや、これ以外も含め実に様々なものがある。また、危機に対応するために要するコストも、比較的低廉なものから膨大な費用と労力を要するものまである。

　これらの対応策のうち、どういった対策を講じるかは、正に、その危機から生じる被害の大きさと発生確率及びこれを防止し、軽減するために要する手段やそのコスト、労力、困難性等とを総合的に勘案して決定するしかない。また、どのような烈度の危機に対してどういった対策を取るかも、同じくこれらのことを総合的に判断して決定していくしかない。

　言わば、危機に対応するための決定的な対応策が事前にすべて準備できるものではないということを前提に、危機への対応策を検討しておく

ことが重要であり、何が対応済みであり、何の対応が十分でないということを知った上で危機に備えておくこともまた重要なことなのである。
　とりわけ、対応が十分でないことによりこうむる被害についてのイマジネーションと被害が生じたことにより起こる人間の行動予測はここでも重要となってくる。言わば、織り込み済みの危機とでも言うべきものもあるということである。
　ここで重要なのは、リスクをゼロにするということは考えるべきでないということである。この世においては、危険は至る所にあり、危機の発生も常にありうるということでもある。一つの事象に着目してそこだけをゼロにする努力は、実際には、多大のコストと他方面における利便性の犠牲の上に成り立つことが多く、トータルで見た場合、極めて現実離れした対策となることが多い。一つの危険だけに着目しても、他にも同様の危険は存在し、一つの危険を防止し得たとしてもあまり有意義でないことも多いからである。

事例69◆原子力発電所立地、稼動の考え方

　我が国の原子力発電所の再稼動をめぐり、発電所の立地上の危険性についての議論がなされており、特に原子力発電所が活断層の上部に設置されているか否かについての議論が喧しい。議論の焦点は、当該原子炉の下部の地層の状況から、それが活断層と判断されるか否かということであり、それも過去40万年とか10万年とかの期間のうちに断層が生じたかどうかという議論であるようである。過去10万年という人類の歴史の中においても極めて長い時間の中での発生の可能性が再稼動を認めるかどうかの重要なポイントであるとして議論することは、それが原子力発電所の唯一の危険であればそれはそれで理由もあるが、原子力発電所を取り巻く危険はそれだけではない。
　例えば、現実にはほとんど真剣な対策が取られていないテロ対策に

ついては、福島第一原子力発電所の事故により、原子炉そのものというより原子炉の電源、給水装置の破壊だけで原子炉が暴走するという原子力発電所の脆弱性をテロリストも含め世界中の人々に知らしめる結果となったのであり、テロによる原子炉の暴走の危険性は、何十万年に一度起こるかどうかの活断層による地震による危険性よりはるかに現実的である。

また、ヒューマンエラー、つまり人間のミスにより引き起こされる原子炉暴走の危険性も決して無視できるものではない。

そのため、これらの危険を最小化するための努力が必要であり、活断層による地震が発生した際、何が危険となるのか、そしてその危険性を克服する対策は何か、それは実現可能なものなのかを考えて必要な対策を取るほか、テロにより電源、給水が完全には途絶しないための対策や何重ものヒューマンエラーが同時に発生した場合におけるフェールセーフの対策等により、危険を除去して行く以外にない。

しかし、我が国の現状は、平成25年の時点においては、テロ対策については、新たには、有効な構造上の対策も、ソフト面における対策もほとんど取られず、またそのことが再稼動の条件として考慮されているようには見えない一方、地震だけはこれと比較して必要以上に危険性を吟味しているようにも見受けられる。

④ 冗長性、多様性を持った対策

危機が発生した場合において、危機は常に違った形でやって来る。同じような場所での同じような規模の自然災害であっても、社会の方が変化すれば、発生する被害も形を変えて起きてくる。言わば、社会の発展とともに、常に前例のない形の危機が起きる上に、被害も思わぬところから発生することとなるのである。

このため、想定通りに危機は発生しないと考えても間違いではないと言ってもよい。想定外は、危機における通常の姿でもある。その結果、あらかじめ想定に基づき講じておいた危機への対策も、実際には

有効でないことも多い。

　加えて、あらかじめ想定したとおりに危機が発生し、これに基づく対策を行おうとしても、想定どおりには、人間やシステムが機能しないということも往々にしてある。また、ヒューマンエラーは常に起き得るし、起こると考えておいたほうがよい。

　このため、一つの事象に対する対策としてある手段を想定していたとしても、これが機能しないことはよくあることであると考えていたほうがよい。ある手段が機能しなくなることで次の対策や手段がすべて活用できなくなることもある。これを回避するためには、一つには想定にはとらわれないということと、もう一つは、常に冗長性や多様性をもった手段や対策、人員、資機材を用意しておくことが重要である。

　危機における対策は一本道ではないということである。

⑤　各組織のBCPの策定

　緊急事態が突然発生した場合、電気、通信、水道、ガス等の基本的インフラが途絶するほか、交通機関や食料、資機材等の物流も途絶することも多いが、こうした事態にあっても各組織が機能するためのBCP（Business Continuity Planning＝業務継続計画）を平素から策定しておくことは、組織が本来の機能を発揮する上でも極めて重要なことである。

　最低でも危機管理に当たるべき組織が動けなければ危機対応は何もできないため、危機管理に当たる組織のBCPの万全を期していくことは、とりわけ重要である。

　現在、政府、地方自治体、企業等の多くの組織においてBCPの策定が行われているが、その実態は、現実の危機が発生したときに必ずしも機能するかどうか疑わしいものも多い。多くの組織のBCPが自己の組織内で完結しており、現実には、各種インフラや当該組織へのサプライチェーンが途絶した場合には対応できないものも多いのが現

実である。

　基本的に想定が楽観的なものが多く、自力ではなく他力により又は自ずとインフラが回復するという想定であったり、電源の自家発電装置を備えているといっても、燃料の備蓄が数時間分、多くて数日分といったものも多いのが実情である。また、燃料は多量に備蓄されていても、発電装置の冷却が水道に頼っており、水道が止まれば冷却機能がなくなり、発電機能も止まるといったものも多い。

　現状は、危機管理を行う危機管理省庁をはじめ危機管理対応を専門的に行う組織以外は、十分なBCPができていないと言ってよい。各組織とも、もっと真剣にBCPを検討する必要があろう。

事例70◆自社のみのBCPの問題点

　ある新聞社の業務継続計画について話を聞いていたところ、緊急事態発生時の取材体制や食糧、水、必要資器材等の備蓄計画についてはかなり熱心に取り組んでいるものの、毎日大量に必要となる新聞用紙の確保については、製紙会社に依存せざるをえないとのことであり、大地震等で輸送体制が途絶した途端、新聞の印刷もできなくなる恐れがあるとの話であった。同様の例は、自家発電装置を備えてはいるものの必要となる燃料の補給は、備蓄量が限られているため、契約している石油会社に依存するほかなかったり、必要な情報の収集は、電気、通信インフラが健全で各種情報端末が使用できるという前提に立っていたりと交通、電気、通信等のインフラが機能することが前提である場合が多いのも実態である。

　特に首都直下の大地震等の都市部を直撃する大地震が発生したときを想定すれば、かなりのインフラが被害を受けることは確実であり、そうした事態にあっても何とか業務継続が可能な計画こそが求められていると言えよう。

⑥ 組織作り
ア 緊急時の組織の策定

　緊急事態が発生した場合、直ちにこれに対処する必要があるが、平時における体制の増強では対応できないと考える必要がある。

　緊急事態発生時においては、組織を挙げた対応が必要であり、トップを中心に情報が集中し、指揮命令が迅速に各部署に伝わる組織や仕組みと必要な人員、資機材、設備を備えた緊急事態対応のためのスペースや緊急時特有の装備資機材が必要となるほか多額の予算も必要となる。こうした組織や体制、資機材は事態が発生してから構築しようとしても実現には時間がかかり、結局、事態に対応できないということになりがちである。

　このため、事前にこうした緊急事態に備えた体制作りを行っておく必要がある。ただ、緊急事態の態様に応じて参加する人員、部署も異なり、必要な資機材、装備も異なるため、緊急事態ごとに事態の態様に応じた体制作りを事前に行っておくことが重要である。

　ただ、既に述べたように、緊急事態の態様は異なっても対応のパターンは同じものが多く、事前の体制作りや装備資機材の準備に当たっても、様々な事態を想定しつつも、いずれの事態にも対応できる共通のものも多く、汎用性のあるものも多い。

イ 専門性のない組織と要員

　しかしながら、緊急事態のための組織もこれに参集する要員に関しても、事態ごとにそれぞれの役割が異なるため、その役割には汎用性も少なければ、平時の業務と異なるため専門性もないことが多い。このため、緊急時の体制を事前に構築するに当たっては、それぞれの要員への役割の意識付けとこれを可能にする訓練を、事態ごとに事前に行っておくことが極めて重要となる。

　また、緊急事態が発生した場合には、自動的に要員が参集し緊急時

の体制作りが動き出すようにしておく必要がある。事前に、各要員にそれぞれの緊急事態が発生した場合にどういう行動をとる必要があるのかを認識させるとともに、参集した人員が、まだ人員が揃わない中にあっても最初の体制作りや当面の初動活動ができるよう意識付けをしておくことが重要である。さもなくば、活動の中心となる要員が到着するまで、あるいは、ある部署の要員が誰か到着するまで、そこでの初動活動が始まらないことになりかねない。

しかしながら、現実には多くの組織が、平時の体制のまま緊急事態に対応していることが多い。緊急事態に直接関係する部署の要員は、少ない人員で大量の事務を処理することとなる一方、直接関係のない部署の人員は、何にどう対応したらよいのか分からぬまま、同じ組織内にいながら通常の平時の業務をそのまま行うといったことが往々にして見られる。

その結果、必要なところに必要な要員と資器材が集まらないといったことになり、緊急事態の対応に遅れが出たり、不十分なものになってしまうということがしばしば起こることになる。

事例71◆東日本大震災時の県知事部局

東日本大震災発生時において、被災市町村を管轄する各県が、自治体としての機能を失った市町村の機能を補完すべく、災害対策基本法で定められた事務代行を行わなかったことは既に述べたが、県知事部局内においても、災害対策担当部署においては人手が足りず、文字通り不眠不休の忙しさとなっていた。一方、災害対策を直接担当しない部局に遭っては、業務が減少したためか、震災発生後の３月中に年次休暇をとろうとした職員も多かったと聞く。

大災害をはじめ重大緊急事態が発生したときの県知事部局の体制構築に問題があったと考えられ、これも日頃からの緊急事態の想定や緊急時体制の想定およびこれに基づく訓練が不十分であったためであろう。

事例72◆口蹄疫発生時の宮崎県

　宮崎県で口蹄疫が発生したときの宮崎県知事部局の対応も、口蹄疫が農業問題であるとの考えから、当初は、農業担当以外の部局の職員は、口蹄疫が猛烈な勢いで感染拡大し、感染した家畜の殺処分、埋却、農場の消毒、周辺道路の検問、消毒等やるべき業務が飛躍的に拡大し膨大な量となっているにもかかわらず、これらの業務に従事することは少なかった。

　これは、危機にあっては各部局から大量に人員、資機材等の資源を投入して事態対処に当たるという危機管理の基本的姿勢が県幹部に欠けていたが故と考えられるが、「人手が足りない。人がいない。」という県当局の悲鳴を聞いて、初めて、内閣官房においてこれらの事実を把握し、県を指導した結果、他部局の職員も口蹄疫対策に従事するようになり、事態沈静化に向けて進むこととなった。

事例73◆福島第一原子力発電所事故時の原子力・安全保安院と経産省

　福島第一原子力発電所の事故が発生し、政府内に原子力災害対策本部が設置され、原子力安全・保安院長が事務局長として原子力安全・保安院の職員を中心に事故対策の実際を仕切るはずであったが、実際には、原子力安全・保安院の職員だけではとても人手が足りず、事故直後には、想定していた事務局体制では十分機能しないことが明らかであった。

　このため、原子力安全・保安院だけでなく、同院の上部組織である経済産業省を中心に、各省庁から人を集め事務局体制の充実を図る必要があったが、現実には政治家を中心とした各種の対策本部が数多くできたものの、事務局体制強化に向けて経済産業省も積極的には動かず、実際の事務を仕切る事務局体制は増強されないまま、形だけの事務局が存在するのみであった。

⑦　法令の研究、立法作業
ア　法令の研究
　緊急事態にあっては、平時の手続きとは異なる法手続きや行政庁の長に与えられる権限等があらかじめ法律に定められていることがある。しかし、緊急事態以外には使われることのない法律上の規定であるため、当該法律の担当者であっても当該規定の実際の運用の経験もなければ、運用方法や手続きもよく分からないといったことがしばしばある。

　このため、緊急事態において法律上可能なことと不可能なことの峻別に不慣れなため、実際に緊急事態が発生した場合において、当該法律の規定を運用することがうまく行かないといったことも起こりがちである。

　災害対策基本法のような緊急事態を想定した法律以外にも、通常運用している法律の中に緊急事態を想定した規定が入っている場合もあるが、法制定後、一度もそうした事態が発生したこともなく、その運用のやり方もよく分からないといったケースも多い。

　これらは、通常使わぬ法律の規定のため、普段から緊急事態に備えた研究が必要であり、実際に発生したことを想定したシミュレーションによる手続き面での訓練が必要である。

イ　立　法
　一方、こうした緊急事態を想定した法律自体、或いは法律の規定が存在しないものも多い。このため、あらかじめ緊急事態を想定してこれに備える立法が必要となるが、現実の立法作業は大変な手間と時間を要する作業であり、実際に法律案ができたとしても、国民の理解、つまり国会の理解が必要である。緊急時を想定した立法であるがゆえに個人の権利の制限や義務を課す規定も多く、国会の政治情勢や緊急事態の発生の切迫度にもよるが、必ずしも国民の理解を得られるとは

限らない場合もありうる。

　その結果、各省庁も必要性は理解しつつも立法作業を躊躇するケースも見られる。

事例74◆有事法制

　我が国が武力攻撃を受けた際の緊急事態等有事における自衛隊の任務を有効かつ円滑に遂行し、活動を容易にする事態対処法制や、国民の保護及び国民の協力や受忍義務を定めた法制は、長年その必要性は指摘されながらも制定されてこなかった。

　このため、平成14年（2002年）小泉内閣において事態対処関連3法案を国会に提出、継続審議を経て翌年の平成15年に成立した。

　また、有事における国民の保護、避難又はその誘導を適切に行うための国民保護法も関連法案及び条約とともに翌平成16年国会に提出され、同年成立した。

　これにより、長年の懸案であった有事における自衛隊の任務を有効かつ円滑に遂行させるとともに国民の保護及び協力や受忍義務を定めた法制が成立したが、自衛隊の前身である警察予備隊が設置されてから54年、自衛隊の設置からも50年の歳月がかかっている。

事例75◆新型インフルエンザ対策特別措置法

　1997年、香港において、H5N1型の鳥インフルエンザがヒトに直接感染し18人の発症者のうち6人が死亡した。その後、中国や東南アジアを中心に世界中でH5N1型の鳥インフルエンザがヒトに感染しており、いまのところヒトからヒトへのいわゆるヒトヒト感染には至ってないものの、ウイルスが変化してヒトヒト感染が発生した場合、いまだ人類の間で流行したことのない未経験のウイルスであることや

その強毒性による致死率の高さ（現在までの患者の致死率は約60％である。）から、パンデミックに対する対策が求められている。

　平成21年（2009年）に豚由来の新型インフルエンザが発生し、パンデミックとなった際、我が国では、従来の感染症法を中心とする法律に基づき対策を行ったが、新型ということもあり若年層を中心に爆発的に感染が拡大したため、当初予定していた対策が十分に機能しない面もあった。

　幸い、同インフルエンザが弱毒性のものであったため、感染拡大に伴う事態はそれほど深刻なものとはならず、むしろ、世界的に見ても我が国の対策は功を奏したといえたが、強毒性の新型鳥インフルエンザがパンデミックになった際に現行の法律のみで対応することには不安を残した。

　このため、新型鳥インフルエンザをはじめ強毒性の感染症が発生した際の、医療活動をはじめとする感染拡大防止策が有効かつ円滑に行われるよう、医療関係者や国民の協力や受忍すべき義務を定めるほか国や地方自治体の対策実行に際しての権限を定めた新型インフルエンザ対策特別措置法が平成24年（2012年）成立し、翌年の平成25年に施行された。

ウ　緊急事態対処のための特別措置法

　現実に緊急事態が発生した際、事態が事前に想定していた事態とは異なっているため、緊急事態のために予定していた法律では対応できないという場面が発生することもしばしば起こる。

　また、事前に何の立法措置も行われておらず、緊急事態が発生してから事態に対処するための立法を必要とする場合も多い。緊急事態が発生してから立法するようでは緊急事態に間に合わないことも多く、それでは遅すぎるというほかないが、現実には、緊急事態が起こってから、現実の事態に対処するため、事案対処中に新たな規定を立法することや、事態収拾後直ちに次の同種事態発生に備えて立法措置を行

うことが多い。

事例76◆口蹄疫対策特別措置法

　平成22年、宮崎県で口蹄疫が発生した際、感染拡大があまりに急ピッチであったために、当時内閣危機管理監であった筆者が、感染を予防するため、まだ感染していない家畜にワクチンを接種して感染拡大を防止しようと農林水産省に提案したところ、農林水産省では、ワクチンを接種すれば仮に口蹄疫が鎮静化しても家畜が生きている限り、我が国は口蹄疫の非清浄国となり家畜製品の輸出が困難になるとの理由で難色を示した。

　そこで、筆者は、感染拡大が止まらない以上、ワクチン接種は必要であり、これにより感染拡大を防止するしか有効な感染拡大防止手段はないこと、及び、ワクチン接種を行わなければいよいよ感染は拡大し、現在罹患していない家畜もいずれ罹患し殺処分される可能性が強いこと、そのため、殺処分を前提としたワクチン接種を行っても殺処分される家畜の数は減りこそすれ増えることは見込まれないこと等の理由を挙げて、ワクチン接種を行うべきことを提案したところ、農林水産省は理解したものの、今度は、宮崎県が殺処分前提のワクチン接種は、罹患に伴う殺処分と異なり法律上の補償措置が十分でないなどの理由で反対し、ワクチン接種を行おうとしなかった。

　このため、ワクチン接種した家畜でも殺処分を行った場合は、罹患して殺処分を行った家畜と同様の補償を行うことを定めた規定や県知事の権限であるワクチン接種と殺処分を県知事が実行しない場合には、国が代執行できる規定を盛り込んだ本件事案に限った特別法を緊急に立法して、県に家畜へのワクチン接種と殺処分を行わせ、事態の沈静化を図った。

　立法は、議員立法で行われ、法案ができて国会に提出された翌々日には両院を通過し成立した。

> **事例77◆災害対策基本法の交通規制の規定**
>
> 　平成7年（1995年）の阪神・淡路大震災の際、緊急車両が応急対策を行うため現場に向かおうとした際、一般の車両が同時に入りこんで大渋滞に陥り、現場への到着が大幅に遅れたが、渋滞の原因は、現場での交通規制が不十分だったことに加え、そもそも、路上への倒壊物の落下や車両の放置により道路が通行不能となったことも大きかった。
>
> 　緊急事態発生の際、応急対策に従事する車両が現場に速やかに到着するためには、道路上の放置車両等を除去しつつ道路を啓開して行く必要があるが、警察、消防、自衛隊には放置車両等を破壊して道路啓開を行う法的権限がなかったことが大きな反省となった。
>
> 　このため、震災発生後の同年5月に、次の災害発生に備えて、これらの権限を警察、消防、自衛隊の三者に認める災害対策基本法の改正案が国会に提出され、6月に可決、成立した。
>
> 　なお、この緊急事態発生時における警察等三者への道路啓開に際しての権限の付与は、後の武力攻撃事態対処法、国民保護法においても、ほぼ、そっくりそのままの形で規定されることとなった。

⑧　訓　練

ア　訓練の役割

　緊急事態は滅多に起きるものではないし、また各人においても常に経験できるものではない。しかし、緊急事態が発生した場合には、緊急事態の対処に当たるべき要員は、その専門家として事態対処に当たる必要があるし、また最も重要なことであるが、的確に対処する必要がある。

　このため、緊急事態対処要員はできるだけ実践経験が豊富なものが望ましいが、緊急事態の発生自体が稀なものである以上、すべての者

に経験を求めるのは困難である。しかし、緊急事態に的確に対応するためには、擬似的に経験を積むことが重要であり、それを可能にするのが訓練である。

イ　図上訓練と実働訓練

　訓練には大きく分けて二種類がある。図上訓練と実働訓練である。
　図上訓練は、実際に現場を踏みつつ行う訓練とは異なり、ある事態を想定して、その事態の対処に当たる要員が参集して、主に対処に際しての情報の収集、集約、分析、判断、意思決定のほか、対応部隊の動員、配置、オペレーションあるいは広報活動を図上で行い、事態対処のイメージを共有するとともに、実際を想定した各種手続き、意思決定の手順と判断の訓練を行うものである。
　この図上訓練にも通常二種類があり、一つは、あらかじめ想定された事態の流れに沿って、訓練参加者も訓練の流れを知った上で訓練を行うものと、訓練参加者はあらかじめ事態の想定を知らされず、その場で与えられた想定事案に沿って自由に判断しつつ訓練を行う、いわゆるブラインドの訓練である。
　また、実働訓練は、実際に現場を設定して行う訓練であり、これも、通常、二種類があり、事態対処要員のみで行うものと、事態対処要員のみならず一般の参加者に被災者や避難者等の役割を行ってもらうことにより、より実際に近い状態での訓練を行うものとがある。

> **事例78◆ブラインド訓練の実際**
>
> 　筆者が内閣危機管理監として勤務している時のことであるが、国と県、市町村との合同訓練をブラインド訓練の形で実施していたところ、訓練の過程で次々と発生する新たな事態に、県の訓練の実質的責任者として参加していたある部長のところで何度も訓練が滞ってしまうという事態が発生した。国、県、市町村の関係者が一堂に会して訓練している最中、県の部長の判断が求められる場面で、実際にどう判断したらよいか迷ってしまったため、何度判断を求められても硬直したまま、何の反応も示さなかったという事態となった。
> 　これは、ブラインド訓練が、手順を確認することに重きを置いた、想定した流れに沿って行う訓練と異なり、その場その場で判断しつつ新たな事態へと向かう訓練であるため起きたものであり、判断責任者としての判断の重大さに思わずとっさの判断ができなかったゆえである。
> 　そのこと事態は、訓練想定上予想されることであり、訓練を通じてこうした場合の考え方を学ぶことができ、そうした意味でブラインド訓練はより実践に近い訓練ということができる。

ウ　実践に代わる経験は訓練のみ

　実際に様々な場面において緊急事態を経験し、かつ、事態対処の経験を実践的に積み重ねていくことができれば、その人物の緊急事態対処能力は向上していくこととなり、いわゆる歴戦の強者を育てることとなる。

　一方、こうした経験はなかなか踏むことはできない上に、実際には、緊急事態の発生に際しては、経験の有無にかかわらず多くの人々が事態対処に当たらねばならない。また、緊急事態の規模が大きければ大きいほど、様々な部署において緊急事態に対処する人員の数は増加する。言い換えれば、緊急事態に対処する必要のある人々の数に比べて、何らかの緊急事態対処の経験をする機会は極めて限られており、経験

者だけで次に発生する危機に備えることは現実的でない。また、危機は常に異なる姿でやって来るのであり、経験だけでは危機を乗り越えることができるとは限らない。

このため、様々な事態を想定した訓練を行うことは極めて有効性のある重要なことなのである。

緊急事態対処の訓練は、他のすべての訓練と同様、実際を想定しつつ、緊急事態の内容、事態対処の方法、手順、その効果を考えさせるきっかけでもあり、また、体験的に身をもって知ることでもある。また、訓練指導者の経験を、訓練を通じて学ぶことでもある。

参加者の緊急事態に対するイマジネーションを高める上でも有効であり、訓練を通じて得られた教訓は、事態の想定と対応策の再検討の契機ともなり、より実践的な緊急事態対処要領を作り上げる契機ともなる。

また、訓練を積み重ねておくことで、実際の危機に直面しても、訓練で身につけた手順ややり方で、落ち着いて危機対処が可能となる。

正に、「訓練は実戦のごとく、実戦は訓練のごとく。」である。

事例79◆全日空機ハイジャック事件時の警視庁、運輸省の対応

平成11年7月23日、羽田発新千歳行きの全日空61便が上空でハイジャックされた事件が発生したとき、当時警視庁警備部長をしていた筆者は、全日空機の着陸地点は、最も体制が充実している羽田空港にしてほしい旨警察庁を通じて依頼するとともに、警視庁本部に最高警備本部、羽田現地に現地警備本部を設置し、要員の現地派遣を行うとともに各方面と連絡を取りつつ警備対策を実施した。

羽田現地に向かった現地対策本部要員は、羽田現地の対策本部室に駆けつけたものの、前年に警備事象多端につき訓練を行っていなかったため、席の配置の決定から関係先の電話番号、担当者名の把握、コ

ピー機、ファクス、パソコン等の立ち上げに時間を要したと言う。また、予定通り全日空機を羽田に着陸させ、空港を一時閉鎖としたものの、事前の約束では、警視庁から羽田現地に向かう警視庁のヘリコプターは、対策要員の輸送のため例外的に着陸させることとなっていたものが、管制官も不慣れであったため、当初、着陸許可が下りずに羽田上空で旋回させられ、到着が遅れるという事態が生ずるなど運輸省側の混乱も幾つか見られたほか、各方面で様々な混乱が見られた。

　いずれも、訓練不足によるものであり、毎年人事異動により担当者のかなりの者が変わることは通常であるため、毎年の訓練が必要であることが痛感させられた事件であった。

エ　時間とコストは止むを得ないもの

　訓練を行うに当たっての問題点は、それほど多くはないが、それでも多くの要員が参加することが必要なことや準備も含め多くの時間やコストがかかる点が、訓練を行うことに消極的にさせる要因でもある。特に民間企業にとっては、訓練自体は一文の得にもならないので消極的になりがちである。

　しかし、危機に対応できる要員を育てる方法は、訓練以外になく、実際に緊急事態が発生した場合の対応のまずさから受ける被害の大きさと比較すれば、訓練に要する人的、物的コストの大きさは取るに足りないほどのものしかないと言える。国民の安全確保に責任を負う国や地方自治体においては、コストにかかわらず必要な訓練を行うことが求められている。

オ　マニュアルの作成とマニュアルの意味

　実際に緊急事態が発生した場合、まず何から手をつければよいのかが分からないというのが通常である。このため、訓練を通じて緊急事態対応に際しての手順ややり方を身につけることが重要となるわけで

あるが、訓練のほかに、緊急事態に備えてマニュアルを作成しておくことも意味のあることである。

　実際の危機の発生を想定し、体制、要員の役割分担、やるべき作業、手順等をマニュアル化することは、一定の意味があるが、一方、実際の緊急事態は、常に新たな形態で発生すると言っても良く、マニュアル通りに事態が進展して行くことは、よほど小規模の事案以外には稀であると考えてもよい。

　通常、我が国で作られている各種マニュアルには、事態の拡大や進展に応じて必要要員数やその役割又は作業内容が変化して行くことを見通したマニュアルが少ないため、実際には、事態の進展、拡大の場面ではマニュアルが機能しなくなることが多い。

　とは言え、マニュアルには、あらかじめ、事態対処体制、参集すべき要員、役割分担ややるべき作業、手順等が一応定められているため、事態が発生してから、これは誰の仕事であるとか、どこから要員を集めるかなどの、平時であれば時間と労力を要する作業を行う必要がないことは重要である。

　また、基本的対処方針であるとか、広報案文などは、策定に当たって時間をかけての推敲が必要な場合が多いため、あらかじめ事態のパターンに応じて雛形を作成しておき、実際の緊急事態においては、その部分修正（時間、場所、事態の概要を確定する。）により迅速に文案を決定することも迅速なクライシスコミュニケーションの上で重要である。

　また、マニュアルは、訓練に際しては意味を持つ。図上訓練であれ、実働訓練であれ、ある程度の想定のもとに行われる訓練では、マニュアル通りに訓練をすることで、一応の役割分担の確認が可能となるし、作業の流れもイメージをつかむことが可能になる。

　マニュアルの策定は重要であるが、その限界も良く承知しておくことも重要である。マニュアルができただけで、対策が終了したと思うことだけは避けなければならない。マニュアルはあくまでひとつのモ

デルにすぎず、実際の緊急事態対処方策の参考にすぎないからである。ましてや事態が発生してからあわててマニュアルをひもとくようでは事態対処は望むべくもない。

カ　言霊信仰

　我が国は、古来より、「言霊のさきわう国」と言われるように、言葉の発する力を信仰する傾向がある。

　言葉を発することで、その言葉が現実の世界に力を発揮し、影響を与えるというものであるが、とりわけ問題なのは、不吉な言葉を発するとそれが現実のものとなるという信仰である。それが、個人の私的な信仰であれば問題はないが、信じがたいことに、現実には危機管理の現場において、言霊信仰とでも言うべき事態がまかり通っている場合がある。

　具体的には、ある起こってほしくない緊急事態に備えて、事態の想定や訓練を実施したり、対策を策定しなければならない場面において、そのことを議論すること自体が、事態の発生を呼び寄せることになるので議論しないというものである。こうした考えは、我が国独特のもののようでもあるが、決して外国にも似たようなものがないでもない。

　しかし、危機の発生のことを議論するとそれが本当に起こってしまうとの信仰は、現実に広く蔓延しており、単に話の上だけのものなら問題は少ないものの、危機の想定や想定に基づく危機対応策の検討や訓練にまで影響を及ぼしている現実は無視できないものがある。

事例80◆言霊信仰が訓練を妨害

　筆者がある県の防災関係者から聞いた話であるが、福島第一原子力発電所の事故の後、当該防災関係者が「本県にも原子力発電所があるので、本県も原子力発電所の重大事故を想定した訓練を行う必要があ

るのではないか。」と発言したところ、上司から「そんなことを言うと本当に事故が起るじゃないか。」と言ってたしなめられ、重大事故の想定も訓練も行われていないという。

　危機管理の場面において言霊信仰は、決して存在してはならないものであるし、そうした信仰を公の場に持ち出すことは論外というしかないが、現実にはこうした事実は依然存在しているのであり、とりわけ原子力災害の世界においては、過去、実際にそう本気で考えていたとしか思えない事実もいくつか存在する。

　言霊の存在の有無を問うているのではない。言霊信仰を危機管理の場面で持ち出すことの危険性を問題にすべきなのである。

事例81◆西洋の言霊信仰

　筆者が昔聞いた話であるが、西洋でも不吉な話をするとそれが実際に起こるという言霊信仰があるとある外国人が話すのを聞いたことがある。

　その外国人が言うには、こうした不吉な話をするとき若しくはした後は、『Wood Touch』といって何かテーブルでも椅子でも木製のものに触れば厄災は免れることができるとのことで、我が国の悪い意味での「言霊信仰」と変わるところはないが、ただ一点良い点は、言霊の悪い影響を回避する方法があるということである。

　こうした話は、西洋のどの地方の話かは聞き漏らしたが、このような話をまじめに取り上げて議論しなければならないほど、我が国において悪しき言霊信仰が蔓延していることは、大いに危惧しなければならない問題でもあると言えよう。

⑨　技術開発と改良

　危機に対処するためには、危機を予知し、予防し、回避し又は被害を軽減し、更には克服するための技術が必要となる。

危機対応に関してのインテリジェンスのための技術については、既に4(1)①で述べたとおりであるが、インテリジェンスに限らず、更なる技術の開発と改良により、より良き危機対処のための方策を作り出すことは重要である。

　とりわけ、自然災害や事故の発生に対し、事前にこれを予知し、予兆をつかむ技術や事故を未然に防止するための技術には日進月歩のものがあり、様々な分野での技術開発と改良が大きな被害を防ぐ上でも重要なものとなろう。

　また、近年、コンピュータの発達に伴うビッグデータの収集分析による様々な分野における活用も更に研究が進められるべきものと考えられる。先般の東日本大震災においても一部、ビッグデータの活用が試みられたが、研究が進めば、危機発生時に直ちに多方面においてその活用が開始され、危機対応のための活動に資することも可能となろう。

　また、これまでの近代の技術の進歩の中で軍事技術の研究が民生分野においても大きく役立ってきたという事実もある。我が国においては、こうした分野での研究は十分でなく、技術大国と言いつつも、その実、危機対応に際してこうした分野での遅れが大きな障害となった事例もある。ただ、軍事面のみならず、民生分野での技術の開発と改良は、危機への対応という観点からも、危機を防止し、軽減し、また危機に対応する技術面での向上にも役立つこととなろう。

　今後、リスクマネジメント及びクライシスマネジメントの両分野における各種技術面での研究開発の重要性は増すことはあれ、減少することは無い。こうした研究が促進されるような仕組みの構築もまた急がれることである。国家的危機が発生すれば多くのかけがえのない命や文化が失われることとなるが、こうしたかけがえのない命や文化を守るためにも、これらの研究開発への投資はますます重要となってこよう。

事例82◆福島第一原子力発電所の事故に際してのロボット技術

　福島第一原子力発電所の事故の際に、放射能で汚染された原子炉建屋内には、放射線が強すぎて人間が入って作業することができずに、ロボットを入れて内部の状況を調べてくる必要があったが、我が国のロボット技術は世界でも先進的と言われていたものの、当初、我が国のロボットでは、階段を利用してテレビカメラで内部の状況を撮影したり内部の放射線量や温度等を測定してくることができなかった。このため、米国のロボットを使用することで初めて原子炉建屋の内部の状況を掴むことができた。これは、米国では、軍事目的のためのロボット技術の進歩が顕著であったため、福島第一発電所の内部状況を把握するのに適したロボットが米国には既に存在したからである。

事例83◆幻のSPEEDIの活用

　福島第一原子力発電所の事故に際し、事故の拡大とともに住民を避難させる必要が生じたが、こうした事故に備えて数十億円の費用をかけて開発され準備されていたSPEEDIは、結局住民の避難に活用されることはなかった。当初、SPEEDIが活用されなかった理由は、原子炉からの放射能の放出量が把握できないからというものであった。

　ところが、後日、各種データの収集の結果、SPEEDIの計算により放射能の放出量が推定できたことに加え、そのSPEEDIの計算によれば、ある地区の住民の内部被曝の危険性が高くなっているという理由で、原子力安全委員会は、当該地区の住民の避難を直ちに指示するよう、原子力災害対策本部長である総理大臣に助言しようとした。

　当時内閣危機管理監として住民避難を担当していた筆者は、それまでの議論や説明から判断するに、SPEEDIの示すデータが信頼に足りるものでないこと、予測を裏付ける実際のデータの収集が偏っており、あ

る程度の予測するにも決定的に不足していること等を理由に、住民避難を直ちに行うべきではないことを述べ、改めてデータの収集を行うべきことを主張した。そのため、まだ収集されていないデータを収集してから避難を指示するかどうかを判断することとなり、改めて不足していたデータを収集してみたところ、SPEEDIの予測は、実際とは大きく外れており、住民避難を直ちに行う必要がないことが判明した。

危機管理のための技術開発の必要性は高いものの、その活用方法を誤ると、むしろ技術に判断を委ねてしまい誤った結論を導くという、過度の技術依存の典型的な事例であった。

言わば、コンピュータ将棋において、将棋の専門家でないコンピュータ将棋ソフトの開発者が、コンピュータの命ずるままに次の一手を指して行くのは当然としても、原子力の専門家は、すべてをコンピュータに委ねるべきではないのである。

⑩ 専門家の育成

⑧のウで述べたように、危機管理においては、経験は極めて重要な役割を果たす。危機の発生は、突然の事態であり、危機対応に当たる当事者に危険が及びかねない事態であるが故に、あわてず、落ち着いて、冷静に判断することが求められるが、こうしたことを可能とするためには、クライシスマネジメントに当たる担当者の経験が重要となる。

また、経験者の場合は、それまでに蓄積されたノウハウが活用できるという利点も多い。危機の態様は異なっても対応のパターンは同じ場合が多く、予期せぬ事態であっても危機対応の経験があれば、その経験を生かした対応が可能となることが多い。

このため、危機対応の経験の少ない組織にあっては、経験者がいないか、いても極めて少数であり、実際に危機が発生した場合には、そもそもその危機を想定した訓練も十分には行われていないため、想定

以外の事態の発生に戸惑うばかりで、実際の危機対応ができないということが往々にしてある。その結果、取り返しのつかない事態となることも多い。

　また、危機管理の経験の多い組織にあっても、頻繁な人事異動や人材育成の計画性のなさの故、危機管理の専門家は極めて少ないのが、我が国政府、地方自治体、各企業等の実情であろう。

　このため、各組織にあっては、危機管理の専門家の計画的育成が重要となる。危機対応に当たる組織にできるだけ経験者を配置し、組織の各段階を踏んで経験を積むことができるようにすることや、ほとんど危機管理の経験をすることのない組織の要員を危機管理の経験の多い組織に配置して経験を積ませるなどの人事管理を行うことにより、計画的に専門家を育成することが重要となる。

事例84◆訓練の不足と専門家の不存在

　福島第一原子力発電所の事故対応に際し、中心的に対応に当たった原子力安全・保安院、原子力安全委員会及び東京電力のスタッフには、重大な原子力事故は発生しないという外部への説明との整合性を保つためであったのか、実際に重大事故を想定した訓練を行なうこともなければ、危機管理対応に当たる専門家を計画的に育成することもなく、危機管理の専門家の存在すらなかった。

　このため、現実に重大事故が発生すると、これら事態対処の中心となるべきスタッフは、ただただ事態の進展を見守るだけという状況となり、専ら現場のスタッフにすべてを委ねて、有効な対策の提示や、事態進展の予測とこれに基づく対応策の検討に取り掛かるという行動も取れなかった。

　これは、ひとえに、事態を想定した訓練の不足と訓練の積み重ねによる専門家の育成を怠ったことに起因するものと考える。

⑪　コストからバリューへ

　一般に、危機対応のための設備、資機材、バックアップ体制や訓練には、相当のコストと人員、労力を必要とするため、通常の企業では、将来発生することが見込まれる危機であっても、これにかかるコストを嫌って十分な対応をしていないことが多い。

　例えば、我が国のように、近いうちに発生することが確実視されている大地震への対応一つをとってみても、その備えは十分とはいえず、起こり得る確率と起こった際の被害の甚大さを考慮した場合、被害を減少するために必要なコストと比べて、何も対応しなかった場合のコストはあまりにも大きすぎる場合が多い。

　少ないコストで危機による被害の減少が可能であるにも拘らず、これを行わないことは、当該企業の企業価値を大きく毀損することであり、一方、そうした対策を行うことは、コストはかかっても企業の価値すなわち企業バリューを高めることとなるのである。

　こうした考えは、首都直下地震や東南海トラフ付近での地震や津波の発生という危機切迫の蓋然性を考慮すれば、各企業や当該地域に住む各人が真剣に考慮すべき事柄である。

　また、危機への準備を行い企業のバリューを高めた企業等に対して、社会的にこれを優遇する仕組みも重要であろう。

　例えば、大地震を想定した場合、十分な対策を講じていない企業は大地震により倒産の憂き目に遭うことは十分予想される一方、十分な対策を講じた企業は、倒産する可能性は低い。また、こうした何らの対策を講じない企業を発災後救済するためには多大な公的コストが必要となる。こうした公的コストを軽減し、より緊急性の高い対応策へ予算を振り向けるためにも、向こう三十年以内に再び大地震が来る確立が極めて高い我が国にあっては、対策を講じた企業に対して何らかの優遇措置を与えること、あるいは何の対策も講じられていない企業に対しては何らかのペナルティーを与えるといった仕組みも必要なのかもしれない。

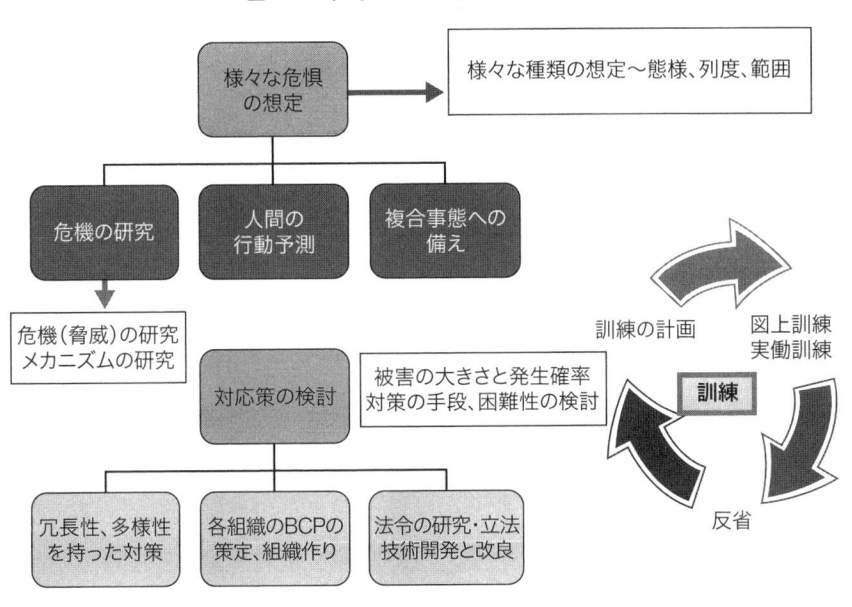

図11　平時において行うべきこと

具体的には、銀行の融資金利や税金の課税率など国が主導して行うべき優遇措置や非優遇措置を行うことも、危機対応のための努力をコストからバリューに変える施策のひとつとなりうるかもしれない。

以上、平時において行うべきことをまとめると図11のとおりである。

(2) 危機発生時

（内容は、3、4に既述）

(3) 事態収拾後

① 何が起こったかの検証

危機が収束した後に行うべきことは、まず、次の危機に備えることであるが、その際、今回の危機が何であったのか、なぜ発生したのか、その際の対応にどのような問題があったのかを振り返ることは極めて重要なことである。

このため、危機が一応の収束を見せた段階で、まだ、関係者の記憶が新しい時点での検証は極めて重要な意味を持つこととなる。

　ア　記　録
　有効な検証を行うためには、何時、何が発生して、どのような判断の基にどのような対応を行ったのか、また、それは誰が意思決定し、どのように実行されて行ったのかを多方面にわたり調査する必要があるが、その際有効となるのが関係者の記録である。
　しかし、危機は突発的に発生し、これに対応する体制も緊急的に臨時に組織された体制であり、また、当事者は、危機対応に没頭し、一人でも多くの人的資源を危機対応に振り向けたい状況下にあるのであり、冷静に関係記録をつける余裕はほとんどないのが通常である。このため、記録が十分になされず、後の検証に支障を来たすことも、危機が重大であれば重大であるほど多く見られる。
　このため、平時における危機対応の準備の中で、あらかじめ緊急時対応体制の中に記録班を設置するよう決めておくことが必要となる。その際、後の検証に役立つよう何を記録するのかをあらかじめ想定しておき、確実に必要な事項が記録されるよう準備しておくことが重要であり、今後、こうした記録が日常的に行われるようになることが必要である。

事例85◆3・11以降の政府の記録

　東日本大震災及び福島第一原子力発電所の事故に際し、それぞれ政府の対策本部が設置されたが、その対策本部での議事録が作成されなかったということで、後日政府が批判されることとなったが、議事録が作成されなかった理由としては、それまでもこのような対策本部の会合の議事録は作成されてこなかったことや我が国では長年、閣議をはじめ各省大臣等の政治家を中心とした会合では、通常議事録は作成

されてこなかったことが原因であった。

　しかし、歴史的な大災害における政府の対応や政府の対応策を決定するに至る判断課程を議事録の形で記録しておくことは意味のあることである。一方、政府の対策本部の会合は、大臣等が出席するものであるため、事前に議事内容は決められており、大臣等の発言内容も概ねあらかじめ用意されているものも多いため、決定事項を知ることはできるもののそこに至る実質的議論の内容をうかがうことはできない。また、決定事項についても、緊急災害対策本部の第一回目の会合で決定された災害応急対策に関する基本方針が決定事項の主なものであり、その他の決定事項は、実際は、対策本部長決定という決裁の形で決定されるものが多かった。

　一方、対応策決定に至る議論の過程を記録することは、後の検証や参考とするためにも重要なことであり、そのためには、会議の過程を通じて議論の内容を録音するシステムを構築することが必要である。特に、様々な情報が集約され、議論の末、対応策の決定がなされる内閣危機管理センターの模様は、常に録音して記録化することが必要であろう。

　ただ、様々な案を検討して結論が出される決裁方式の形での議論の過程は、総理大臣をはじめ閣僚間の言わば密室での議論を録音する必要があり、政治家自身が、判断過程が記録、特に録音されることを好まない傾向があるため、米国のように録音し記録化することが通常の姿になっている場合でなければなかなか困難といえよう。

　もちろん、内容をどう公表するかは別の問題である。国家の安全保障上の問題や外交問題をはじめ直ちに公表することが好ましくない事項は多岐にわたるのであり、公表できるのは、緊急事態の中でも純粋な自然災害や機密の内容を伴わない事故等に限られることとなろう。

　また、事態進行中のみならず、事態がある程度収束してから、関係者からヒアリングを行うことも重要であるが、我が国の場合、政府として事案発生の都度、記録のために関係者からヒアリングを行うという制度も慣習も、また、そのための要員もいないのが実情である。

イ　危機の原因と対応の良し悪しの検証

　発生した危機がどのようなものであったのか、なぜ大きな被害が出たのか、これを予知する方法はなかったのか、また、危機が発生した後の対応にはどのような問題があったのか、被害拡大を防止する方策は他になかったのか等々について、各事象、各事項毎に検証することは大量にある。

　危機が自然災害によるものであろうと人為的なものであろうと、危機発生の原因及び危機発生後の対応のあり方については、より綿密な検証が必要となる。なぜ危機が発生したのか、また、危機への対応のあり方についても、様々な選択肢の中からその選択肢が選ばれた理由をはじめ、他のより有効な手段選択の可能性や優先順位のあり方についての検証が行われるべきである。

　しかし、実際には、こうした検証が総合的には行われることは稀である。対応の一部について、特定の学問的研究が行われることがある程度で、現実には何も行われないことが多い。これは、ひとつに、危機発生の原因及び対応策のあり方を追及することが危機発生の責任追及となりがちであること。加えて、危機対応の検証を行う部署は、危機の収束直後は、危機からの復旧、そして、復興へ向けた活動に専念しており、こうした検証を行う時間も人員もないのが通常であり、ようやく、時間と人員にわずかの余裕でもできた頃には、当該担当者は、他の部署へ異動してしまっていることが多く、検証を行う人も対象も別の業務を行っていることが多いためである。このため、事実の検証を行うことはかなりの困難を伴うこととなる。

　しかし、国家的な危機が発生した際の対応について、責任追及とはならない形で、事後の検証を行う仕組みや、体制を構築して行くことは、次の危機の発生に備える上で極めて重要なことであり、こうした観点からの仕組みや体制のない我が国においては、早急な体制構築のための検討が求められるところである。

> **事例86◆福島第一原子力発電所の事故の検証**
>
> 　福島第一原子力発電所の事故に際しては、事故対応において数々の問題点が見られたことや、事前の事故に対する想定や事故対応そのものに問題があったのではないかとの観点から、事故対応がある程度落ち着いてきた頃から、政府、国会、東京電力及び民間組織において事故の検証が行われた。
>
> 　それぞれの検証を行う側の立場、検証のやり方、ヒアリングを行った対象や時期、期間が異なったことなどから、検証の結果得られた結論において、見解がそれぞれ異なる部分が相当に見られることとなった。
>
> 　事故当時、事故対応の現場から遠く離れていた者の検証により真実に迫ることの難しさと、事故の当事者による検証の困難性を示すものでもあった。

②　反省と教訓の抽出

　危機が収束した後の検証により、数多くの問題点が発見されるものと思われるが、ここで重要なことは、その問題点として発見されたことを真摯に反省し、教訓として次の危機に備えることである。しかし、実際には、問題点は問題点として指摘されるものの、それが反省や教訓として次に生かされているかどうかは、過去の事例を見ても必ずしも十分とは言えないのが実情である。

　それは、

- 危機対応当時の当事者は、限られた情報や限られた時間のうちに精一杯の最善の対応を行ったと考えており、後に検証された事実を基に、あの時ああすれば良かった、こうすればよかったと言われても、危機対応当時にはそのような情報も判断の時間もなく、やむを得ない対応であったと考えていることが通常であり、危機対応のあり方についてあまり反省をしていないことが多い。

・検証が行われ、結果が出される頃には、クライシスマネジメントに当たった当事者は、その任にないことが多く、後任者は、過去の他人の対応にはあまり関心を持たないことが多い。
・同じような危機は、次々と発生するものではなく、次に発生する危機は、異なる形、違う態様のものであり、過去の反省と教訓がすぐに役に立つものではないように見えることが多い。
・一般的に、人は、過去のこと、とりわけ自分が経験していない過去の出来事は、自らの教訓とせず、参考に使用とする姿勢も少なく、忘れがちなものである。

等の理由による。

その結果、同じ過ちや失敗を繰り返すのである。

このため、こうした過ちや失敗を繰り返さないための国家的仕組みづくりが必要となってきている。貴重な過去の経験や教訓、反省を如何に抽出し、次代に伝えていくかは、今後のわが国の大きな課題である。今後更なる研究と議論が求められる。

③ 経験の伝承

前記の理由から、ただでさえ反省や教訓が生かされにくい状況にある中、少しでも過去の経験を将来に伝えるためには、危機対応時の記録と後の検証が重要となるのであるが、同時に実際に危機の対応に当たった過去の経験を後世に伝えていくことも重要なこととなる。

しかし、経験を伝えることは、なかなか容易なことではなく、経験をいかに伝承して行くかが大きな課題と言える。特に、日常的に取り扱うルーティンの業務については、何度も反復しての訓練が日常業務を通じて可能であるため経験を学ぶ機会も多いが、クライシスマネジメント業務は、常に、突発的、非日常的、一時的にしか経験することがないため、通常の業務と異なり、経験しながら学ぶということができないことが多い。このため、経験を伝承するためには、通常の業務

と異なる努力が必要となる。

　具体的には、①、②で述べた記録及び反省、教訓を丹念に学び、自らのものとして行くことと、それに基づき様々なイマジネーションを働かせて、次なる事態への反省、教訓として活用していくことであろう。

　また、こうした機会を提供するものとしては、訓練が極めて重要な役割を果たすことをもう一度付言しておきたい。

④　更なる危機の想定と対応策の検討

　過去の危機の経験は、将来の貴重な財産でなければならないが、そのためには、過去の危機の記録と検証、反省、教訓の抽出が重要であることは既に述べた。

　このため、将来の危機に備えるためには、こうした過去の危機の反省や教訓を基に、同様の失敗を重ねずに的確な対応が行えることが重要であるが、危機は、常に、同様のものであっても違う顔をしてやってくるものであり、それは社会の変化や対応する人間の変化の結果でもある。既に述べたとおり、同じ危機は、二度とやって来ないし、自然災害のように、同じ場所で同じようなものが発生することがあっても、その危機の形は常に違うものとなる。

　地震を例にとるならば、同様の地震が同じ場所で発生しても、都市や集落の形状、建造物の構造、人々の社会生活のあり方、通信手段、交通手段、避難手段等の変化により、過去の地震とは異なる態様の被害が発生するであろうし、そうした変化を前提にした被災、被害拡大の様相を想定して、防災、減災、非難等の対応策を考えていくことが重要となる。

　ここでも、新たな将来の危機に対するイマジネーションとそのイマジネーションに基づく危機への対応策が必要となる。この場合、過去の経験は極めて重要ではあるが、経験がどこまで活用できるかはこれ

もイマジネーションで判断していくしかない。

⑤　危機管理の循環

　はじめに述べたように、危機管理においては、予防、危機の発生、危機への対応、収束、復旧、そして新たな危機への対策と危機の発生ごとに危機管理の循環とも言うべきサイクルが発生する。

　危機の収束後は、復旧と同時並行的に危機の検証が行われるのであり、その検証を基に次の危機への対応が始まる。言わば、平時における危機への準備が始まるのであるが、既に述べたように危機管理がうまく行えるかどうかも、平時の準備において決まるといっても過言でなく、そのためにも、過去の危機対応の経験を反省、教訓も含めて如何に活用しているかが問われることとなる。

　この活動を、しっかり行えるかどうかは、次の危機発生時のクライシスマネジメントがうまく行えるかどうかの分岐点でもある。危機が発生するたびに、こうした活動がルーティンとして国、地方自治体、関係機関ごとに行われる仕組みづくりも今後は必要であり、今後の大きな検討課題である。

おわりに

　約4年弱に及ぶ内閣危機管理監の職務を終えてつくづく感じたことは、危機への備え、すなわちリスクマネジメントがなされていないところでは、危機が発生したとしても、危機管理の前提となる事前の危機の研究も危機を想定した対応策もないということであり、それでは決して的確で効果的なクライシスマネジメントはできないということである。

　また、昔から「備えあれば憂いなし」と言われるが、危機が発生した場合に、備えがなければその後の結末は悲惨の一語に尽きることとなる。

　いつ来るか分からない危機に備えて準備することは、まさに平時の仕事であるが、それがいつ来るか分からないということが「当分来ないかもしれない」「今すぐ準備しなくても間に合うだろう」といった準備の先延ばしの心理的論拠となることも多い。また、危機の想定とその備えに当たっても、「まさかそこまでひどい事態にはならないだろう」「この程度の備えがあれば十分だろう」という現状の対策で十分であると自らを納得させる心理が働くことも多い。

　しかし、備えが十分な場合でも危機が発生した場合に危機対応に当たる当事者がクライシスマネジメントの経験に乏しく、事態の発生に茫然自失し、ただ事態が悪化して行く状況を見守るようでは、クライシスマネジメントは失敗に終わることは間違いない。

　国家の危機を具体的なイメージを持って現実のものとして想定することは、危機への備えを考える上で重要なことではあるが、一方で、その危機の発生の蓋然性もそのための対応策のコストや社会的影響の冷徹な考慮も分析もなしに、ただひたすらに危機を叫び必要以上の対策を唱えることも、いわゆる「人心を惑わす」こととなるか「杞憂」

として顧みられないこととなる。

　大事なことは、起こりうる危機の姿を現実のものとして考えるイマジネーションの力とその危機に備えるための対応策を、危機発生の蓋然性と発生した場合の被害の大きさを考慮しつつ実際の施策として決定し実行して行くことである。また、危機発生に当たっては、想定外の事態が常に起こりうることを念頭に、想定外の事態が発生しても慌てず的確にクライシスマネジメントを行っていくことなのである。

　しかし、こうしたことは頭では理解しているつもりでも、また、様々な要素を十分考慮して危機への対策を講じているつもりであっても、現実に危機が発生した場合には、なかなか実行することは難しいことでもある。

　本書執筆のきっかけは、筆者が内閣危機管理監の職を終えた直後の平成24年の春、東京大学生産技術研究所の当時の所長であった野城智也教授及び同研究所の池内克史教授,目黒公郎教授及び牧野浩志准教授から3・11の東日本大震災及び東京電力福島第一原子力発電所の事故をはじめ内閣危機管理監在任中に経験した様々な事態と危機管理、とりわけクライシスマネジメントにおいて心がける事柄や事態対応に当たっての考え方について話を聞かせてほしいとのお話を頂いてからである。そこでの発表を準備する過程や、先生方と議論を重ねる中で、筆者がそれまで実際に危機管理に当たる中で、漠然とではあるが重要と感じていた危機管理に当たっての基本となる要素や根本となる考え方についてあらためて体系だって整理して考えることができた。

　また、その後、上記の先生方に加え政策研究大学院大学の大山達雄副学長をはじめとする同大学の先生方と危機管理研究会を立ち上げ、議論を重ねたり、先生方の様々な発表をお聞きしたりする中で、先生方から貴重なご意見や示唆に富む考え方を学ぶことができた。

　その後、この研究会を機縁に、東京大学生産技術研究所の顧問研究

おわりに

員として研究を続ける傍ら、平成24年度及び25年度において東京大学の各学部及び研究所の大学院生を対象に危機管理の考え方と我が国の危機管理体制の現状について講義を行う機会を得た。

　本書は、この二年度にわたり東京大学で行った授業の講義録を中心に取りまとめたものであり、危機管理の経験はもとより危機管理の考え方や我が国の現状についての知識も少ない初学者を対象に講義したものを基本としているが、実際に危機管理の仕事に従事する人々や仕事上危機管理の場面に遭遇する可能性の高い人々にも参考となるように加筆し、読者が正しく危機に備えるとともに実際に危機が発生した場合においても慌てず落ち着いて的確に危機に対処できるよう、危機管理の基本となるべきことを、分かりやすく項目を追って整理したところである。

　講義録の取りまとめに当たり、大学での講義の速記録を作成して頂いた東京大学生産技術研究所、及び危機管理研究会で貴重な教えやご意見をいただいた諸先生方に厚く御礼申し上げる次第である。

　本書の執筆に当たっては内閣官房及び各省庁の関係者各位から様々なご協力と有意義なご意見ご示唆を頂いた。個別に名前を挙げないが深く感謝申し上げる次第である。なお、意見にわたる部分は、筆者の私見であり、事実関係の誤りを含め、文責は、すべて筆者にある。

　最後に、危機管理研究会の立ち上げから運営に至るほか、本書の出版に当たり、内容の各般にわたり御助言、御意見を賜った牧野浩志氏、写真を提供して頂いた毎日新聞社及び編集、校正に多大のお力添えを頂いた株式会社ぎょうせいに心より感謝申し上げる次第である。

伊　藤　哲　朗

❖ 著者略歴 ❖

伊藤　哲朗（いとう　てつろう）

昭和23年生　福岡県出身
東京大学　生産技術研究所　客員教授

昭和47年3月　東京大学法学部卒業。
同年　警察庁入庁、その後石川県警察本部長、警視庁警備部長、千葉県警察本部長、皇宮警察本部長、警察庁生活安全局長、警察大学校長等を歴任。平成18年警視総監、平成20年に内閣危機管理監に就任。福田、麻生、鳩山、菅、野田各内閣で国家の危機管理に当たる。
平成23年　内閣官房参与、平成24年　東京大学　生産技術研究所　顧問研究員、平成26年　現職

国家の危機管理
―実例から学ぶ理念と実践―

| 平成26年4月15日 | 第1刷発行 |
| 令和 7 年4月15日 | 第11刷発行 |

著　者　　伊藤　哲朗

発行所　　株式会社ぎょうせい

〒136-8575　東京都江東区新木場1-18-11
URL：https://gyosei.jp

フリーコール　0120-953-431

ぎょうせい　お問い合わせ　検索　https://gyosei.jp/inquiry/

〈検印省略〉

印刷　ぎょうせいデジタル㈱　　　　　©2014 Printed in Japan
＊乱丁、落丁本は送料弊社負担にてお取り替えします。
＊禁無断転載・複製

ISBN978-4-324-09816-5
(5108053-00-000)
［略号：国家危機］